笑死了！
刷了1400年的大唐诗人朋友圈

诗意文化 著

北京联合出版公司

詩意文化

我·们·诗·意·有·文·化

序 言

如何生动有趣地向大众传播古诗词，解读古诗甚至文学史，是我在2013年运营"诗词世界"公众号之后经常思考的问题。

一直以来，我们的中小学语文教材、大学文学史教材，以及各种诗词选本、诗人传记、诗人年谱、文学理论著作，都比较严肃，甚至有点刻板。不能说正儿八经的严肃风格不好，教材和学术著作确实需要严谨，但我总觉得在这之外也要有一些更加生动有趣的诗词传播媒介和内容，让青少年接受起来不至于吃力，让成人读起来也津津有味。

幸好，随着诗词类电视节目的兴起，以及各种诗词类新媒体账号的出现，我们越来越多地发现，诗词其实也是可以以各种活泼的方式来呈现的。在《中国诗词大会》的舞台上，在《经典咏流传》的歌声里，在戴建业教授的"塑料普通话"中，我们发现，诗词可以是鲜活的、生动的、亲切的。

我和我的团队，多年来也做过各种尝试，比如开发"挑战古诗词"和"网络诗词大会"网络小游戏，组织"跟着诗词去旅行"线下游学活动，创作有趣的诗词类文章和短视频。这些都收到了不错的效果，我们以"诗词世界"为主的新媒体矩阵，几年下来获得了数百万的忠实"粉丝"。

但我们觉得还不够，我们还要继续尝试。于是，经过整整一年的努力，我们创作了这本《大唐诗人朋友圈》。我们想通过大家熟悉的"微信朋友圈"（含群聊、对话）的形式，用生动有趣的文字、表情和漫画，以时间为脉络，向大家讲述大唐诗人的生平趣事，以及他们代表诗作的创作背景。

作为全球第一本以微信朋友圈形式呈现的书，我们在内容创作、版式设计方面，都没有经验可借鉴，一切只能靠团队自行摸索，反复尝试和修改。其间，因为发生了新冠肺炎重大疫情，我们这个身处武汉的创作团队，在长达三四个月的时间里，只能居家办公，通过线上沟通。也正因以上种种原因，本书肯定还存在不尽如人意处，希望读者诸君批评指正。

当然，我们也尽了最大努力来保证这本书的品质。形式新颖，文风幽默，是我们在形式上的尝试；史料准确，逻辑自洽，是我们在内容上的追求。对于这本书，我们的定位是，一本形式新颖、文风幽默、内容靠谱的另类唐代诗人传记、唐诗发展史书。我们希望这本书，不但生动有趣，而且尽量不犯错误，让读者在阅读中既能捧腹大笑，又能掌握正确的诗词知识和文学史观。

如果这本书能够得到大家的喜欢，我们将备感荣幸和鼓舞，并将继续创作《大宋词人朋友圈》等更多"朋友圈"系列图书。希望大家能多多支持，把本书推荐给更多喜欢诗词的家人、朋友、同学，也欢迎大家能到"诗词世界"公众号与我们互动。希望大家能在轻松愉悦中，学好诗词，了解诗人，掌握历史。

魏无忌
诗意文化传媒&"诗词世界"公众号创始人

大唐诗人朋友圈主创团队成员

魏无忌 策划、主笔

师同安 编辑、统筹

叶顶 统筹

三哥还在 主笔、文案

叶寒 主笔、文案

怡萱 设计、漫画

目录

前言：唐诗是怎样炼成的 …………………………………… 1

第一章　初唐诗人：我们可不是"前奏" …………… 1
　一、初唐诗人"夸夸群" ………………………………… 4
　二、"五言律诗奠基人"王绩 …………………………… 11
　三、"初唐四杰" ………………………………………… 14
　四、用一首诗征服你 …………………………………… 23
　五、初唐诗人特别采访记 ……………………………… 29

第二章　边塞诗人：功名只向马上取 ……………… 35
　一、边塞诗的"黄金时代" ……………………………… 38
　二、边塞诗的落幕 ……………………………………… 49
　三、假设边塞诗人们凑到一个群 ……………………… 57

第三章　王维、孟浩然：不如归去，做个闲人 …… 65
　一、孟浩然：从归隐到归隐 …………………………… 68
　二、王维：从做官到归隐 ……………………………… 75

目录

第四章 李白：我不是"大V" …… 93
一、少年任侠，仗剑去国 …… 96
二、出入长安，干谒无门 …… 105
三、供奉翰林，赐金放还 …… 113
四、身陷囹圄，埋骨青山 …… 119

第五章 杜甫：我太难了 …… 129
一、我本世家子 …… 132
二、流落西南隅 …… 147

参考文献 …… 165

前言

唐诗是怎样炼成的

说起中国文学史上的两座高峰,你的第一反应会是什么?

家喻户晓、脍炙人口、启蒙经典……不是所有的诗歌都叫"唐诗"。

在开始(打开)正文(快乐)的学习(源头)前,我们先来聊一聊非常(并不)严肃的一个话题:唐诗是怎样炼成的?

我们都知道诗的源头可久远了，大概要追溯到我们祖辈的祖辈的祖辈……

《吴越春秋》里记载，中国最早的一首诗歌名为《弹歌》：

　　断竹，续竹；
　　飞土，逐宍（ròu）。

（注：诗名里的"弹"，念"dàn"，指的是一种利用弹（tán）力发射的古老武器！）

有了这首诗，我们的先辈信心倍增，大手一挥，豪情洋溢："拿笔来，我要写十首！"

于是有了"风骚"——《诗经·国风》的"风"，《离骚》的"骚"。

后来有了汉乐府诗，有了"古诗十九首"。

最受学生欢迎诗歌争霸赛

古诗十九首： 选我，选我，我一句只有5个字，可好背了。

诗经： 那我还只有4个字呢，更好背。

哈哈哈哈，你是只有4个字，可人家有一半不认识。

离骚： 我就静静地看着你们。

那么是从什么时候开始，"诗"的前面加了一个前缀"唐"，从此，"唐诗"成为老百姓心目中诗歌的"代言人"，成为无数人心中的人气之王呢？

唐诗： 我为诗歌代言

故事要从公元618年一个"平平无奇"的清晨说起。

当时李渊、李世民,身披金甲圣衣,脚踏七彩祥云,来拯救身陷隋炀帝暴政下水深火热的广大群众,从此,建立了中国历史上最辉煌的王朝——大唐。(注:官方说法,如有夸大,纯属巧合。)

在李世民、李隆基等实干家的励精图治下,大唐的国力无比强大。"天可汗"了解一下,"万国来朝"了解一下,"贞观之治""开元盛世"了解一下。

此时此刻只有一个词能够表达人们内心的激动:

骄傲

如果只有国力强大,文化上却专制霸权的话,那也并没有啥用啊!详情可参考秦始皇,焚书坑儒,秦二世而亡,怎一个"惨"字了得?

秦始皇

躺着也中枪,难受,想哭。

唐朝统治者深刻汲取了历史的教训，在文化上，那胸怀可是相当的宽广。

因为我们是一家人
相亲相爱的一家人
有福就该同享
有难必然同当
用相知相守换大唐的地久天长

儒 释 道

政治、经济、文化上的共同繁荣，催生出了唐诗这颗璀璨的星辰。当然，最初，唐诗只是一棵娇嫩的小芽。

敲小黑板，接下来划重点的时间到了：唐诗究竟"硬核"在哪儿呢？

这就要从两方面说起了：一是形式上，律诗体制的完备与成熟；二是内容上，内容的空前开阔，艺术境界的浑融，诗人数量众多且名家辈出。

接下来，请睁大眼睛，见证"唐诗"是如何炼成的。

话说，从魏晋南北朝时期开始，文学就进入了一个高速发展的时期，涌现出了如"三曹"、"建安七子"、阮籍、陶渊明等诗坛大家。

而在声律上，四声的发现和"永明体"的产生，使得中国古典诗歌在"艺术形式美"的道路上更进一步。

> 形式美
>
> 我向你追
> 风温柔地吹
> 只要你无怨
> 我也无悔

我们都知道,在"永明体"以前,诗坛上流行的是"古体诗",又叫作"古诗""古风"。用两个字概括"古诗"的特点,就是"自由"。

好比你去唱歌,想怎么唱就怎么唱,只要你的情感真挚,跑调了也没关系,人家不在乎这个。

可是到了南北朝以后,一些完美主义者(比如沈约、谢朓、王融等)不乐意了,他们嚷嚷着"做一道菜还要色香味俱全呢,写一首诗更是如此。咱不仅要内容美,形式也得美"。

于是乎,"永明体"横空出世。

小知识

永明体:即以讲究四声、避免八病、强调声韵格律为其主要特征。四声指的是平、上、去、入。八病指的是平头、上尾、蜂腰、鹤膝、大韵、小韵、旁纽、正纽。

什么?听不懂?没关系,咱们接下来将会带着你逐步击破"永明体"的堡垒,直驱而入。请大家踊跃提问!

小明：大诗姐，"永明体"这个名字跟我的名字一样拉风呀,那它是怎么来的呢?

大诗姐：因为这是南齐永明年间产生的一种诗歌体裁呀。

小红：大诗姐，"四声""八病"好难呀，你能不能用大白话给我讲一遍呀?

大诗姐：没问题，等我细细道来。

"四声"其实指的就是我们说话的时候声调高低抑扬的变化，分为四个声调，即平声、上（shǎng）声、去声和入声。简单点说呢，就相当于我们现代汉语中的阴平（第一声）、阳平（第二声）、上声（第三声）、去声（第四声）。不同点是，随着时代的演变，入声渐渐消亡了，原来的平声分为了阴平和阳平。

举个例子："天子万福（tiān zǐ wàn fú）"，恰好就是古代的平、上、去、入四声。但是放到现在，我们可能就会把这四个字读作"阴平、上声、去声、阳平"。这也可以解释为什么我们用现在的汉语声调去读诗，会发现平仄不那样和谐，因为我们的声调本来就和古人的不完全一样。

再来说一说"八病"。"八病"指的就是古人在创作五言诗歌时一定要避免的八种弊病。

前面四种——"平头、上尾、蜂腰、鹤膝"，指的是声调上的毛病，一句之中或者上下两句之间，某些字的声调不可以相同。打个比方吧：五言古诗里的"芳时淑气清，提壶台上领"第一句的开头"芳时"和第二句的开头"提壶"都是平声，就犯了"平头"的毛病。

后面四种——"大韵、小韵、旁纽、正纽",指的主要是声母和韵母上的毛病,上下两句之间,某些字的韵母不可以相同。比如五言古诗"胡姬年十五,春日独当垆",押的是"虞"韵(u),前九个字中"胡"也是"虞"韵,与韵字"垆"相同,这就犯了"大韵"的毛病。

> 感觉自己已经用尽了洪荒之力,小红,你听懂了吗?

学生小红:"嗯,听懂是听懂了,就是这也太复杂了吧,感觉自己像在带着镣铐跳舞,伸不开手,伸不开腿。"

大诗姐:"是哒,永明体其实用一句话总结就是——戴着镣铐跳舞。跳好看了,那就是从内容到形式都精致的艺术品呀!可它最大的问题就是,镣铐太紧了,跳舞的人连胳膊都伸展不开,怎么能跳得好呢?"

学生小红:"那可怎么办呀?"

大诗姐:"别担心,永明体现在就像一个小婴孩,是不成熟的,而到了唐朝之后呢,它就会慢慢成长起来的,这便是我们接下来要讲的——格律诗(近体诗)。"

首先让我们掌声欢迎第一位出场的重要诗人——上官仪。

上官仪率先提出了"六对""八对"之说。

> **小知识**
>
> "六对""八对":所谓"六对",一曰正名对,天地日月是也;二曰同类对,花叶草芽是也;三曰连珠对,萧萧赫赫是也;四曰双声对,黄槐绿柳是也;五曰叠韵对,彷徨放旷是也;六曰双拟对,春风秋池是也。所谓八对,即地名对、异类对、双声对、叠韵对、联绵对、双拟对、回文对、隔句对。

用咱们的大白话来说就是,写诗的时候上下两句也要注意"门当户对",粗暴点说,就是"对偶"。

天对地,雨对风。
大陆对长空。
山花对海树,赤日对苍穹。

不会的小伙伴,《笠翁对韵》赶紧了解一下。

紧随着上官仪的脚步,为唐代近体诗定型做出贡献的,是杜审言、沈佺期与宋之问。

他们不仅完成了由"永明体"四声律到唐诗平仄律的过渡,还使之成为一种可以推而广之的声律法则。在五言律趋于定型后,七言律诗也定型了。

敲小黑板,对"平仄律"听得模模糊糊的同学看这里。

律诗的特点(这里以律诗的集大成者杜甫的作品来举例):

1.句数固定。通常八句,有五言、七言之分。超过八句的,则称排律或长律。

如杜甫的《春夜喜雨》便是五言律,《登高》则是七言律,《秋日夔府咏怀》长达百韵,是五言排律。

风急天高猿啸哀,渚清沙白鸟飞回。
无边落木萧萧下,不尽长江滚滚来。
万里悲秋常作客,百年多病独登台。
艰难苦恨繁霜鬓,潦倒新停浊酒杯。
——《登高》

绝塞乌蛮北,孤城白帝边。
飘零仍百里,消渴已三年。
雄剑鸣开匣,群书满系船。
乱离心不展,衰谢日萧然。
筋力妻孥问,菁华岁月迁。
登临多物色,陶冶赖诗篇。
峡束沧江起,岩排石树圆。
拂云霾楚气,朝海蹴吴天。
煮井为盐速,烧畬度地偏。
有时惊叠嶂,何处觅平川。
——《秋日夔府咏怀》(节选)

2.讲求押韵。律诗通常压平声韵,且一韵到底,中间不得换韵。二、四、六、八句押韵,首句可押可不押。

所谓押韵,就是每一联的最后一个字,韵母相同。如这首《春夜喜雨》,即押的是平水韵中的"庚"韵。(详情可翻看"平水韵表"。)

好雨知时节,当春乃发生(shēng)。
随风潜入夜,润物细无声(shēng)。
野径云俱黑,江船火独明(míng)。
晓看红湿处,花重锦官城(chéng)。

3.平仄和谐。按我们现在的理解,一、二声就是平声,三、四声就是仄声。平声对仄声,读起来就朗朗上口。

(注:同样地,因为古代的声调和我们现在不同,一些古代念仄声的,现在可能念平声。比如"俱"古代作平声,现代作仄声;反之,"节""独""湿"古代都是入声,属仄声,现代作平声。)

好雨知时节,当春乃发生。
仄仄平平仄,平平仄仄平
随风潜入夜,润物细无声。
平平平仄仄,仄仄仄平平
野径云俱黑,江船火独明。
仄仄平平仄,平平仄仄平
晓看红湿处,花重锦官城。
仄平平仄仄,平仄仄平平

4.要求对仗。字数要相等(5个字对5个字,这也是和词较为明显的一个区别,诗每句字数相等,词则每句字数可长可短),词性要一致(如名词对名词、动词对动词、形容词对形容词、副词对副词),意思要相关或者相对(如黑对白,就是词义相对;而黑对暗,就是词义相关)。仍是以《春夜喜雨》举例:

野径云俱黑,江船火独明。

野径对江船,云对火,名词对名词。俱对独,副词对副词。黑对明,形容词对形容词,且词义相对。

然而,这形式上是创新了,可这内容上还是局限于亭台楼阁、应制咏物、莺莺燕燕、歌功颂德。俗话说,方枘圆凿,格格不入。内容跟不上形式的步伐,这可咋办?

就在这时,"初唐四杰"发出了他们青春嘹亮的歌呼:反对纤巧绮靡,提倡刚健骨气。

官小而才大,名高而位卑,让他们的诗歌中郁积着满满的不甘于人下的豪杰之气。

于是王勃携着"海内存知己,天涯若比邻"的洒脱来了;

杨炯携着"宁为百夫长,胜作一书生"的气概来了;

卢照邻携着"君不见,长安城北渭桥边,枯木横槎卧古田"的兴亡之叹来了;

骆宾王携着"此地别燕丹,壮士发冲冠"的萧萧风声来了。

陈子昂也大踏步地携着他摔断的胡琴来了——

> 前不见古人,后不见来者。
> 念天地之悠悠,独怆然而涕下。

张若虚的《春江花月夜》来了,刘希夷的《代悲白头翁》也来了……

唐诗的风骨、境界由此奠定!诗歌盛唐的时代正在缓缓开启。

武则天时兴起了重视文词的进士科,又进一步演变为"以诗赋取士"。

什么意思呢?即是说,你只要诗写得好,就能当上大官。这一举动好比在水中投入一块小石子,一石激起千层浪。

当官嘛,谁不想呀?往大了说,可以建功立业,济世救民,千古传颂;往小了说,也能吃穿不愁、光耀门楣。

长安,从此成为无数文人心中的朝圣之地。

长安——梦想之都

然而,"三十老明经,五十少进士",官也不是那样好当的。那些在科举场上名落孙山的诗人又分成了两类:一类选择在山水中归隐,求得心灵的解脱;另一类则走向关塞大漠,战场杀敌,希求谋个功名。这便由此生成了盛唐最著名的两大诗歌流派。

王维 孟浩然

没考上进士,咱只能归隐了。

嗯,我可是状元及第……

VS

高适

此路不通,咱可以绕路走啊,咱可真是天才。

说到盛唐,就不得不说到大唐诗坛的双子星——李白和杜甫。

如果说李白代表的是盛唐最飞扬、最自信、最浪漫的一面;那么杜甫代表的就是盛唐的背面,在阳光照不到的那一面,充斥着战争、苦难、死亡与忧国忧民的呼喊。

李白

天子呼来不上船,自称臣是酒中仙。

杜甫

安得广厦千万间,大庇天下寒士俱欢颜,风雨不动安如山。

公元755年爆发的安史之乱，如同一道鸿沟将大唐分成两半，唐朝开始由强盛转向衰落。

唐诗在经过大历年间的一度沉沦之后，在唐德宗到唐穆宗的四十余年间，终于又渐渐兴盛起来。也就是在这个时期，名家辈出，流派分立，唐诗呈现出一种更为成熟的繁荣。

韩孟诗派：我们写诗，追求雄奇怪异之美。

元白诗派：我们写诗，追求平实浅易之美。

刘禹锡：我的怀古诗和民歌体诗歌写得都不错哟！

柳宗元：我的诗歌是写得很不错了，而且散文也很值得大家一看哟！

唐穆宗长庆以后，唐王朝的危机进一步加深，中唐的诗歌高潮也逐渐低落。

（宦官专权、党争频繁、藩镇割据——晚唐）

杜牧、李商隐、温庭筠作为晚唐最有名的三位诗人,吟唱出了唐诗最后的余响。

杜牧:我写咏史诗贼好!

李商隐:我写无题诗贼牛!

温庭筠:我写爱情诗贼美!

从高峰到小丘,从江河到小溪流,每一处都颜值爆表;从江南到大漠,从关塞到闺阁,每一点都风光旖旎;从李白到杜甫,从杜牧到李商隐,每一颗星都光彩照人。

善良、可爱、美丽、帅气、大气、可人、爱国、敬业、诚信、友善……这样的唐诗,你爱了吗?

来,跟我一起走进大唐诗人的朋友圈吧!

第一章

初唐诗人：
我们可不是"前奏"

中国人讲唐诗，习惯把唐诗分成四个阶段：初唐（618—712年）、盛唐（713—766年）、中唐（766—835年）、晚唐（836—907年）。

盛唐自然是高潮，李白、杜甫星光闪闪，王维、孟浩然风生水起，高适、岑参跃马横刀；中唐是迭起的高潮，有"大佬"韩愈、"诗鬼"李贺，还有白居易与元稹、刘禹锡与柳宗元两对挚友。

初唐成了"前奏"，而晚唐则成了余晖。

但真要这么盖棺论定，晚唐诗人勉强答应，初唐诗人可不那么服气。

原因何在？无他，初唐诗人也是群星灿烂，光耀星河。

不信，请各位看官往下看！

初唐诗人关系图

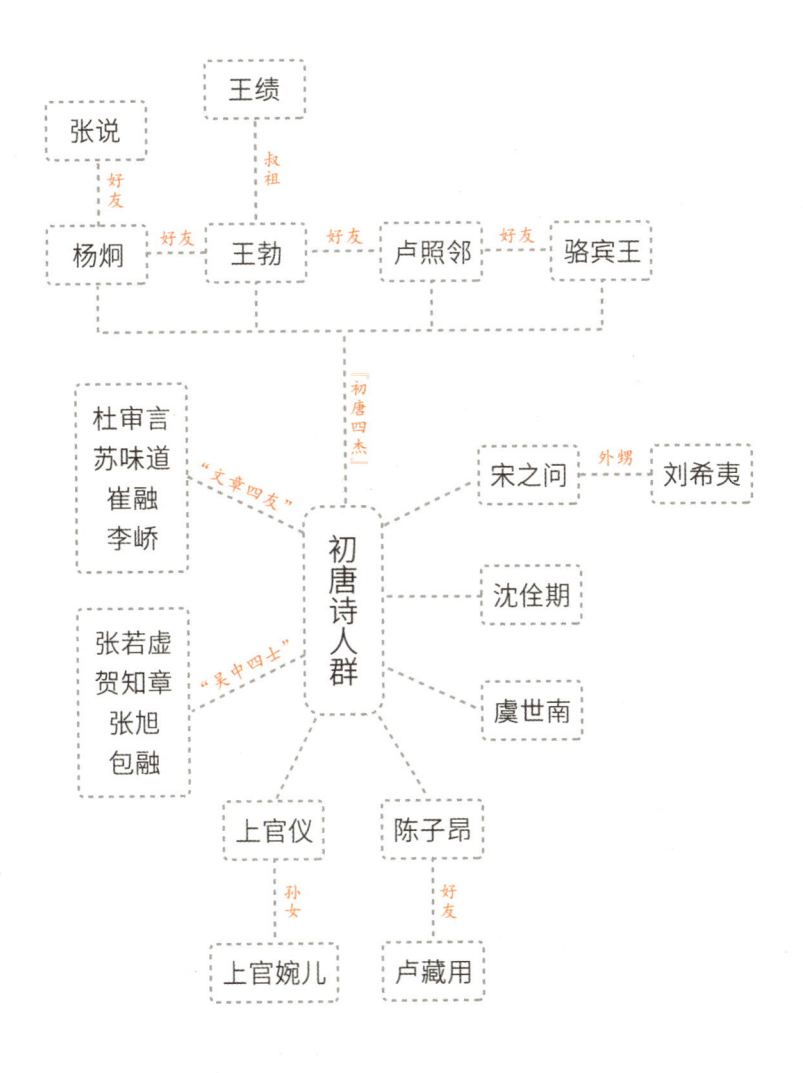

- 王绩 —(叔祖)— 王勃
- 张说 —(好友)— 杨炯
- 杨炯 —(好友)— 王勃 —(好友)— 卢照邻 —(好友)— 骆宾王
- 王勃、杨炯、卢照邻、骆宾王 —【初唐四杰】— 初唐诗人群

- 杜审言、苏味道、崔融、李峤 —"文章四友"— 初唐诗人群

- 张若虚、贺知章、张旭、包融 —"吴中四士"— 初唐诗人群

- 初唐诗人群 — 宋之问 —(外甥)— 刘希夷
- 初唐诗人群 — 沈佺期
- 初唐诗人群 — 虞世南
- 初唐诗人群 — 上官仪 —(孙女)— 上官婉儿
- 初唐诗人群 — 陈子昂 —(好友)— 卢藏用

一、初唐诗人"夸夸群"

　　唐诗是一颗灿烂的明珠,而这颗明珠的光芒离不开初唐诗人们一点点的琢磨。

　　唐建国后的百年间,统称"初唐"。此时期齐梁诗风仍旧深深地影响着诗人们的创作,从虞世南、王绩到上官仪,从王勃、杨炯、卢照邻、骆宾王到沈佺期、宋之问,再到陈子昂、刘希夷、张若虚,唐诗不仅在格律上一点点成形,在内容上也开启了一代新风,朝着更加昂扬健康的方向发展。

📣 最近有一个叫"夸夸群"的东西,悄悄火了起来。那么,我们不妨大胆想象一下,如果众多初唐诗人也被聚集到一个夸夸群,他们之间又会碰撞出怎样的火花呢?

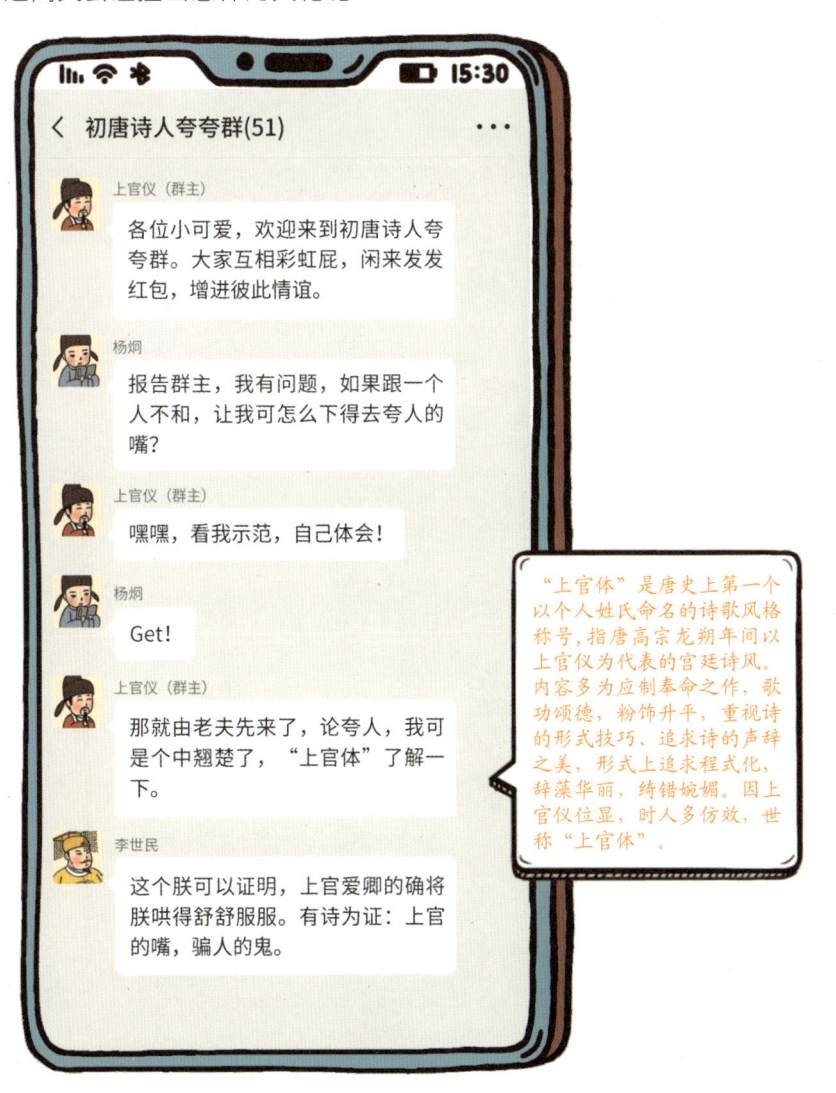

初唐诗人夸夸群(51)

上官仪（群主）
各位小可爱,欢迎来到初唐诗人夸夸群。大家互相彩虹屁,闲来发发红包,增进彼此情谊。

杨炯
报告群主,我有问题,如果跟一个人不和,让我可怎么下得去夸人的嘴?

上官仪（群主）
嘿嘿,看我示范,自己体会!

杨炯
Get!

上官仪（群主）
那就由老夫先来了,论夸人,我可是个中翘楚了,"上官体"了解一下。

李世民
这个朕可以证明,上官爱卿的确将朕哄得舒舒服服服。有诗为证:上官的嘴,骗人的鬼。

"上官体"是唐史上第一个以个人姓氏命名的诗歌风格称号,指唐高宗龙朔年间以上官仪为代表的宫廷诗风。内容多为应制奉命之作,歌功颂德,粉饰升平,重视诗的形式技巧、追求诗的声辞之美,形式上追求程式化,辞藻华丽,绮错婉媚。因上官仪位显,时人多仿效,世称"上官体"。

6 笑死了！刷了1400年的大唐诗人朋友圈

初唐诗人夸夸群(51)

上官仪（群主）
陛下的诗写得真好，臣摘抄下来贴在家中，每日临摹供奉。

杨炯
击掌赞叹！群主这就开始了，果然是个中高手啊！

李世民
朕最近写了一首诗，诸位看看怎么样啊？
赋得残菊
阶兰凝曙霜，岸菊照晨光。
露浓晞晚笑，风劲浅残香。
细叶凋轻翠，圆花飞碎黄。
还持今岁色，复结后年芳。

虞世南
臣觉得还是自己的《蝉》更好一些，陛下的，怎么说呢？脂粉气太重了，缺了那么一点风骨气势。
垂緌饮清露，流响出疏桐。
居高声自远，非是藉秋风。

李世民
虽然不想承认，但你说的好像确实有点道理。

> 虞世南品性忠直，常直言进谏，与唐太宗君臣相得。虞世南去世后，太宗痛哭失声，说："虞世南与我犹如一体。他在我左右，拾遗补阙，一刻不忘。他确实是当代名臣、人伦标准啊！"

初唐诗人：我们可不是"前奏"　7

魏征
陛下知错能改，果然是一代明君哪！

> 魏征以"诤臣"知名于世，被太宗视为明镜，有名的"以铜为鉴，可以正衣冠；以古为鉴，可以知兴替；以人为鉴，可以明得失"便是由此而来。

王绩
河汾王氏，我家的；大儒王通，我家的。

> 王绩所在的河汾王氏家族，是龙门的大户，各个朝代都曾出过一些有名的文官武将。隋末大儒王通，是王绩的哥哥。

上官仪（群主）
家族buff加成呀，牛！

王勃
@杨炯@卢照邻@骆宾王　大家好，我们是初唐F4，真正男子汉。

杨炯
谁要跟你组队呀，我要单飞！

李峤
这还能搞组合呀，那我们也来。@苏味道@杜审言@崔融

李峤
俺，宰相！

苏味道
俺，也是宰相！

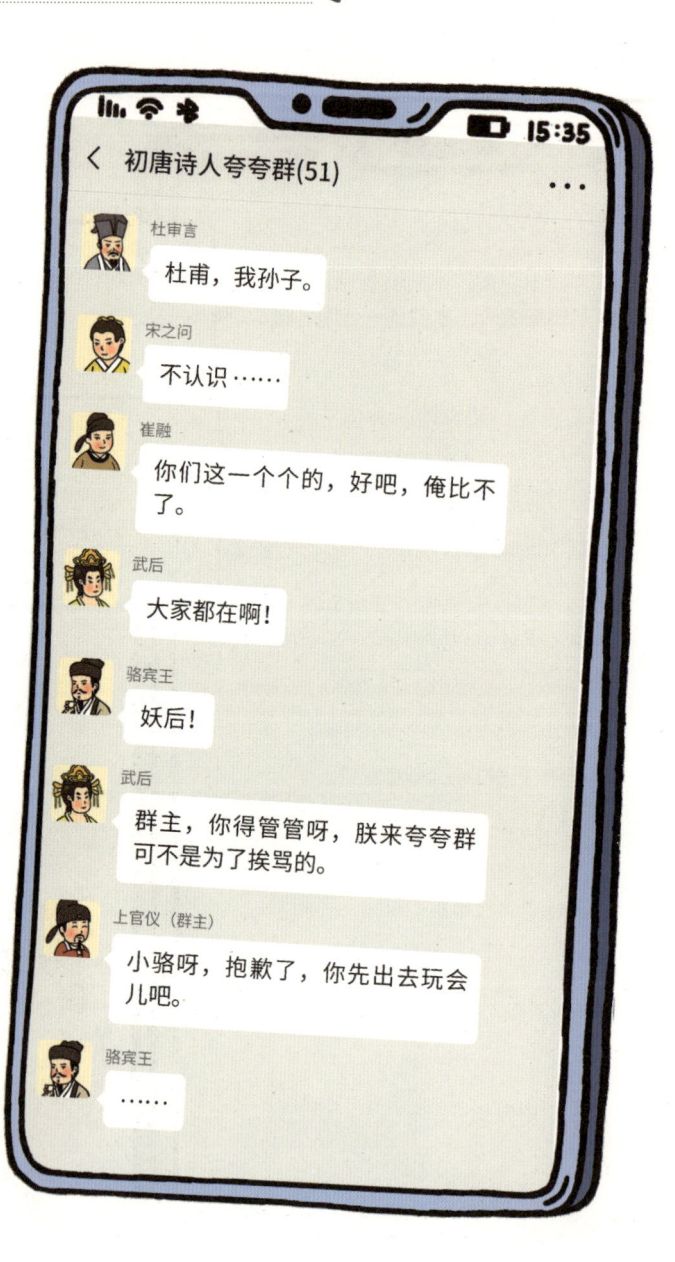

8　笑死了！刷了1400年的大唐诗人朋友圈

初唐诗人夸夸群(51)

杜审言
杜甫，我孙子。

宋之问
不认识……

崔融
你们这一个个的，好吧，俺比不了。

武后
大家都在啊！

骆宾王
妖后！

武后
群主，你得管管呀，朕来夸夸群可不是为了挨骂的。

上官仪（群主）
小骆呀，抱歉了，你先出去玩会儿吧。

骆宾王
……

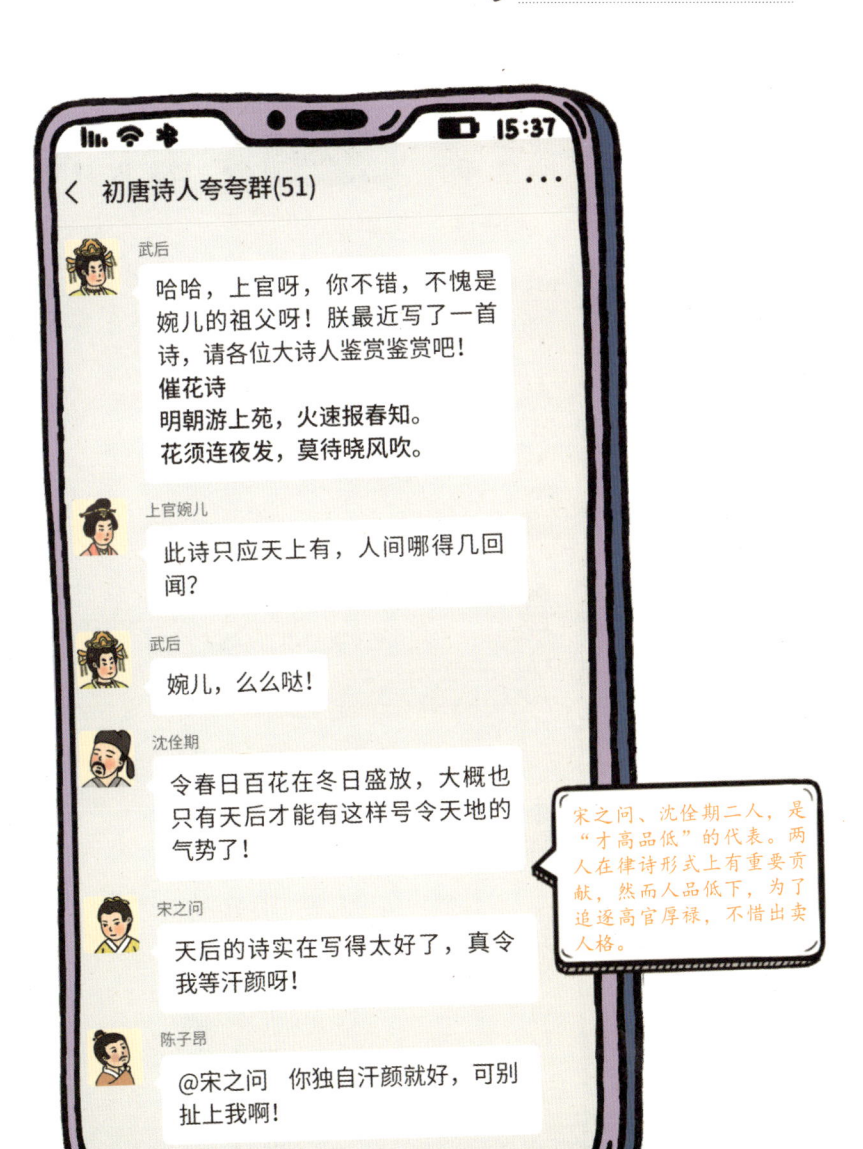

初唐诗人夸夸群(51)

武后
哈哈，上官呀，你不错，不愧是婉儿的祖父呀！朕最近写了一首诗，请各位大诗人鉴赏鉴赏吧！
催花诗
明朝游上苑，火速报春知。
花须连夜发，莫待晓风吹。

上官婉儿
此诗只应天上有，人间哪得几回闻？

武后
婉儿，么么哒！

沈佺期
令春日百花在冬日盛放，大概也只有天后才能有这样号令天地的气势了！

宋之问
天后的诗实在写得太好了，真令我等汗颜呀！

陈子昂
@宋之问 你独自汗颜就好，可别扯上我啊！

> 宋之问、沈佺期二人，是"才高品低"的代表。两人在律诗形式上有重要贡献，然而人品低下，为了追逐高官厚禄，不惜出卖人格。

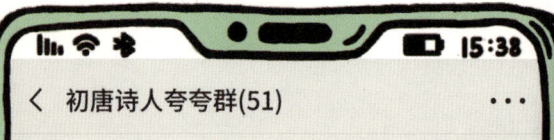

初唐诗人夸夸群(51)

陈子昂：我买了一把价值上万的胡琴……

宋之问：哇，土豪呀！求大腿！

> 陈子昂因不满武则天滥用刑罚，曾多次上书进谏。

陈子昂：然后我把它砸了！

宋之问：……你莫不是个中二少年？

刘希夷：你还是杀人犯呢……

上官仪（群主）：大家快别吵吵了，群主发红包了，拼手速的时间到了，兄弟姐妹们快抢呀！晚了就只有吃土了！

系统提示：一大波红包来袭中……

二、"五言律诗奠基人"王绩

生在龙门大户王氏家族的王绩，算是一个妥妥的富家子了。从他出生的那一刻起，家人便对他寄予厚望：高官厚禄、光耀门楣。可谁知天性洒脱的王绩偏偏不爱这如画江山，只想归隐山林，与这人间皎皎月色共醉。

📢 隋炀帝大业年间,品学兼优的王绩,因为看不惯隋炀帝的昏庸残暴,毅然决然地写了一封辞职信:世界那么大,我想去看看。唐高祖武德初年,因为诗名太大又被李渊惦记上的王绩,只得再次来到长安。

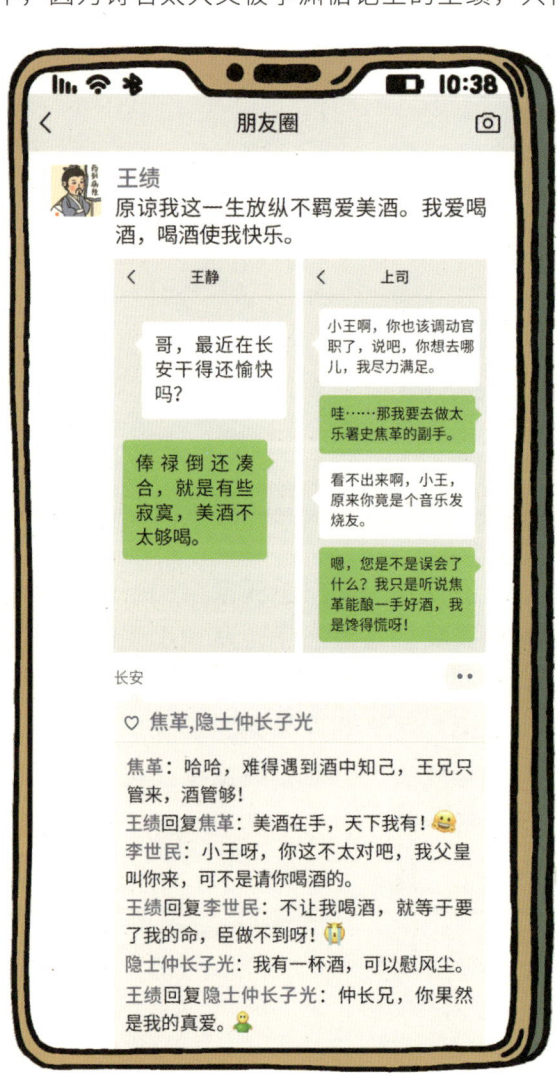

朋友圈

王绩
原谅我这一生放纵不羁爱美酒。我爱喝酒,喝酒使我快乐。

王静
哥,最近在长安干得还愉快吗?
俸禄倒还凑合,就是有些寂寞,美酒不太够喝。

上司
小王啊,你也该调动官职了,说吧,你想去哪儿,我尽力满足。
哇……那我要去做太乐署史焦革的副手。
看不出来啊,小王,原来你竟是个音乐发烧友。
嗯,您是不是误会了什么?我只是听说焦革能酿一手好酒,我是馋得慌呀!

长安

♡ 焦革,隐士仲长子光

焦革:哈哈,难得遇到酒中知己,王兄只管来,酒管够!
王绩回复焦革:美酒在手,天下我有!😊
李世民:小王呀,你这不太对吧,我父皇叫你来,可不是请你喝酒的。
王绩回复李世民:不让我喝酒,就等于要了我的命,臣做不到呀!😢
隐士仲长子光:我有一杯酒,可以慰风尘。
王绩回复隐士仲长子光:仲长兄,你果然是我的真爱。😊

📢 在焦革及其夫人去世后,王绩感伤不已,不久便弃官归隐东皋,自号"东皋子",从此过上了肆意饮酒、纵情山水,以诗赋自娱的潇洒生活,一直到去世。

> 绛州龙门:今山西省河津市。

> 程处士、王处士、仲长子光等,都是隐士,王绩的朋友。

朋友圈

王绩
生活,并不只有眼前的苟且,还有诗和远方的田野。余生,一日、两人、三餐、四季。@隐士仲长子光

野望
东皋薄暮望,徙倚欲何依。
树树皆秋色,山山唯落晖。
牧人驱犊返,猎马带禽归。
相顾无相识,长歌怀采薇。

绛州龙门

♡ 程处士,王处士,隐士仲长子光

隐士仲长子光:王兄,明天有酒局,约不?
王绩回复隐士仲长子光:最近戒酒了😓
隐士仲长子光回复王绩:……
王绩回复隐士仲长子光:哈哈哈,有美酒的地方,我王绩岂能错过?
程处士:王兄呀,朝廷那样器重你,你咋还要隐居呢?
王绩回复程处士:程兄呀,不是我想归隐,是山林需要我这片洒脱的云。😎
程处士回复王绩:你说得好有道理,我竟无言以对……

三、"初唐四杰"

　　杜甫曾写诗说："王杨卢骆当时体，轻薄为文哂未休。尔曹身与名俱灭，不废江河万古流。"对嘲笑"初唐四杰"王勃、杨炯、卢照邻、骆宾王的守旧文人大加伐挞，并认为"四杰"将如江河一样千古不废，万古流芳。

　　确实，在初唐文学史上，"四杰"的地位大抵就像20世纪90年代初风靡全国的小虎队一样，意气风发，是最闪耀的存在。官小而才大，名高而位卑，让他们的诗文创作始终充满着一种雄杰傲岸之气。而正是这种刚健骨气，最能代表中下层士子的精神风貌，也最有益于盛唐昂扬诗风的萌芽。

初唐诗人：我们可不是"前奏" 15

📢 转眼便是新的一年了，大唐官微决定举办"第一届天才诗人"评选活动，诗人们纷纷参加，各自开启自己的表演，你会投票给谁呢？

> **盛世大唐**
> 25分钟前
>
> 谢谢各位小可爱对大唐官微一年来的支持。新年伊始，为了回馈大家，我们决定举办第一届"大唐之光——那些天才诗人"的评选活动。奖品丰厚哦！欢迎大家踊跃报名参加。
>
> **大唐之光**
> 那些天才诗人
>
> 转发 19万　　评论 2.5万　　　　点赞 49万
>
> 　滕王阁知名宣传大使兼旅游达人王勃
> 　6岁能写文，9岁能挑刺，17岁就走入官场，登上人生巅峰，大唐之光的桂冠，我王勃要定了！😎
>
> 　王勃是我爱豆等人共39651条回复 >
>
> 　　　　　　　　　　　👍 51037

16 笑死了！刷了1400年的大唐诗人朋友圈

15:30

转发 19万　　评论 2.5万　　点赞 49万

数鹅小能手兼知名愤青骆宾王
啥都不说了，一首《咏鹅》献给大家，掌声在哪里？

> 鹅，鹅，鹅，
> 曲项向天歌。
> 白毛浮绿水，
> 红掌拨清波。

小骆小骆我爱你等人共1961条回复 >

　　　　　　　　　　　　　　👍 39910

著名行为表演艺术家陈子昂
咱可算是一夜成名的典范了吧！正所谓厚积方能薄发，只看咱这一飞冲天的气势，就知道俺才是大唐最靓的仔。

陈子昂的小迷妹等人共146条回复 >

　　　　　　　　　　　　　　👍 22120

> 陈子昂初次到长安时，为了出名，曾亲自导演了一场堪称营销模板的行为艺术秀：他首先花费上万钱买了一把胡琴，然后在围观人群面前，一把将胡琴摔得粉碎。在大家惊讶不已之时，他拿出了自己写的诗文，分发给众人，就这样一夜成名。

张爱玲说:"出名要趁早!"天赋异禀的王勃,无疑就是这类人中的佼佼者。17岁时,他就名满长安,并成为沛王李贤的修撰,每日过着写诗喝酒、游山玩水、偶尔斗鸡的小资生活,那叫一个惬意呀!

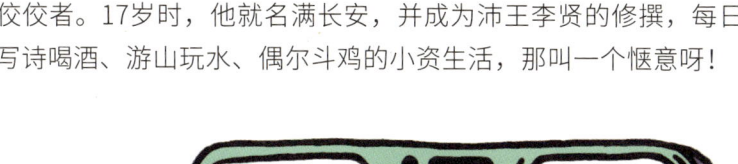

朋友圈

王勃
大家好,我就是美丽与智慧并重、英雄与侠义的化身、实力派偶像王勃,让我看到你们的双手!!

主页　微博　视频　故事　相册

微博之夜
10分钟前　来自 专业版微博 已编辑

让我们热烈祝贺王勃爱豆,荣获大唐年度盛典——"微博之夜年度男神"的殊荣,祝贺他。王勃爱豆凭借一首昂扬洒脱的《送杜少府之任蜀州》,为离别诗开拓出了新的境界。更重要的是,他率领大唐F4组合,以刚健骨气的文风,涤荡了齐梁以来宫体诗的残留,为盛唐诗的繁荣铺垫了前路,真可谓功在当代,利在千秋啊!四杰之冠,果然不是盖的!@王勃

长安

♡ 沛王李贤,卢照邻

卢照邻:子安兄,棒棒哒!🎉
杨炯:呵呵哒,吾愧在卢(照邻)前,耻居王(勃)后。
王勃回复杨炯:王杨卢骆,人民群众的眼睛是雪亮的!
沛王李贤:小王呀,真不错,本王果然没看错你!
王勃回复沛王李贤:我也觉得!😎
唐高宗:好呀,《檄英王鸡》也是你写的吧!诸王间的关系你也敢挑拨,好好好,你不错!!!
王勃:为什么我感到一股冷风吹过?🐧

> "四杰"中,王勃因才学更胜一筹,被公认为"四杰之冠",杨炯对此很不服。《新唐书·文艺·王勃》记载:"勃与杨炯、卢照邻、骆宾王皆以文章齐名,天下称'王、杨、卢、骆'四杰。炯尝曰:'吾愧在卢前,耻居王后。'"

> 公元668年,王勃因一篇嬉笑之作《檄英王鸡》,被高宗以为王勃是故意挑拨诸王间的关系,被逐出沛王府。

被逐出沛王府后没几年,王勃又当上了官,但依旧不改傲娇本色,很快又摊上事儿了。虽然死里逃生,他却从此断了仕途,父亲也被连累,贬到了边远的交趾当县令。唐高宗上元二年(675年),王勃去看父亲,途中路过打卡胜地南昌滕王阁。

王勃

……落霞与孤鹜齐飞,秋水共长天一色。渔舟唱晚,响穷彭蠡之滨;雁阵惊寒,声断衡阳之浦……
一篇《滕王阁序》,送给豫章的诗人文友!

南昌·滕王阁

♡ 阎公,卢照邻

卢照邻:不愧是我们"四杰之冠",这篇序文,足以让你傲视天下,千古留名了!

阎公:小王呀,我算服了你了👍

孟学士回复阎公:岳父大人,不是说好让我拿第一的吗?🙊

阎公回复孟学士:你瞅瞅你熬了几日夜写出的东西,再去和人家王勃的比比,给你一个眼神自己体会。

王福畤:你这小子,说是来看我,竟然又跑去看风景?我竟然还比不上一座楼了?伤心。

王勃回复王福畤:……父亲大人,您最重要了,我马上就去看您了,等我哟!

> 王勃因误杀官奴曹达,被判死刑。幸遇天下大赦,侥幸逃生,却也从此与仕途无缘,并连累父亲被贬。

> 孟学士是阎公的女婿,阎公本意是想让孟学士借着为滕王阁写文的机会,一展才华,不料王勃横空杀出,一篇洋洋洒洒的《滕王阁序》,令所有人都惊艳不已。

> 王福畤,王勃的父亲。在写完《滕王阁序》的次年春,王勃来到交趾,看望了父亲。当年夏,在南海返程途中,王勃不幸溺水,惊悸而死。

初唐诗人：我们可不是"前奏" 19

📢 唐朝初年，在许多人还沉迷于齐梁宫体诗的冶艳诗风时，杨炯却独树一帜，携着他的诗歌走向关山与大漠，走向边塞与风雪，走向了唐诗更加雄浑的境界。

> 杨炯虽出身寒门，然而年少得志，恃才傲物。也因为他的出言无忌，得罪了许多人，仕途始终坎坷。

> 张说（yuè），初唐有名的宰相，与杨炯是好友，对杨炯文才评价极高，曾说："杨盈川（杨炯）之文，如悬河注水，酌之不竭，既优于卢（照邻），亦不减王（勃）。"

杨炯
真心觉得大唐的诗坛需要换一换风气了！不是亭台楼阁，就是莺莺燕燕，哪里还有那么一点男儿气呢？

从军行
烽火照西京，心中自不平。
牙璋辞凤阙，铁骑绕龙城。
雪暗凋旗画，风多杂鼓声。
宁为百夫长，胜作一书生。

长安

♡ 王勃,张说

王勃：虽然你不待见我，但我还是想要给你点个赞，这诗写得真心不错！
杨炯回复王勃：咳咳，那我就把我之前的话收回去一半吧！你的眼光还是不错的。
张说：杨兄，这首诗写得真好。在我看来，你的文采，丝毫不亚于王勃。👍
杨炯回复张说：张兄，你果然懂我，么么哒！
王勃回复张说：张丞相，你这是要搞事情的节奏啊！

📢 初唐诗坛上,"四杰"的命运都不怎么好,卢照邻尤其悲惨:生当壮年,却不幸患病,有如残废,一身才华无所施展,最后自沉于颖水。但在最初,写下《长安古意》时的他,尚意气风发,对未来有着无限的渴望与期盼。

卢照邻

我就是我,是颜色不一样的鬼火。大家好,我是卢照邻,一个集美貌与才华于一身的男子,一首《长安古意》送给大家。

长安大道连狭斜,青牛白马七香车。
玉辇纵横过主第,金鞭络绎向侯家。
……
得成比目何辞死,愿作鸳鸯不羡仙。
比目鸳鸯真可羡,双去双来君不见。
……

长安

♡ 邓王李元裕,王勃

邓王李元裕:小卢呀,真不愧是我的司马相如。
卢照邻回复邓王李元裕:谢谢老板的赏识,我会继续努力的!😊
王勃:卢兄,这诗写得真不错,什么时候咱哥儿俩能再在一起作诗游玩啊!怀念!
卢照邻回复王勃:会有机会的!
骆宾王:厉害啊,比我的《帝京篇》写得还好!
卢照邻回复骆宾王:哪里哪里,老兄《帝京篇》那是天下绝唱。

卢照邻曾在邓王李元裕府中做典签(相当于文书一类的官职),因其才识广博,很受赏识。李元裕曾对手下说:"他(卢照邻)是我的司马相如。"

高宗麟德二年(665年),邓王病死,卢照邻离开王府。后遇上在蜀中漫游的王勃,两人结识成为挚友,并一道作诗游玩,十分畅快。然而没过几年,卢照邻突患风疾,手脚几乎残废,几番求医不得,终于自沉颖水而死,时年约50岁。

7岁就写出了名篇《咏鹅》的"数鹅小能手"骆宾王,是"四杰"中写诗最多、胆子最大的一个。虽然《咏鹅》和《帝京篇》给他带来了极高声望,但是他的命运并不好。唐高宗仪凤三年(678年),骆宾王好不容易当上了侍御史,却因屡次上书讽刺武则天,被诬陷下狱。

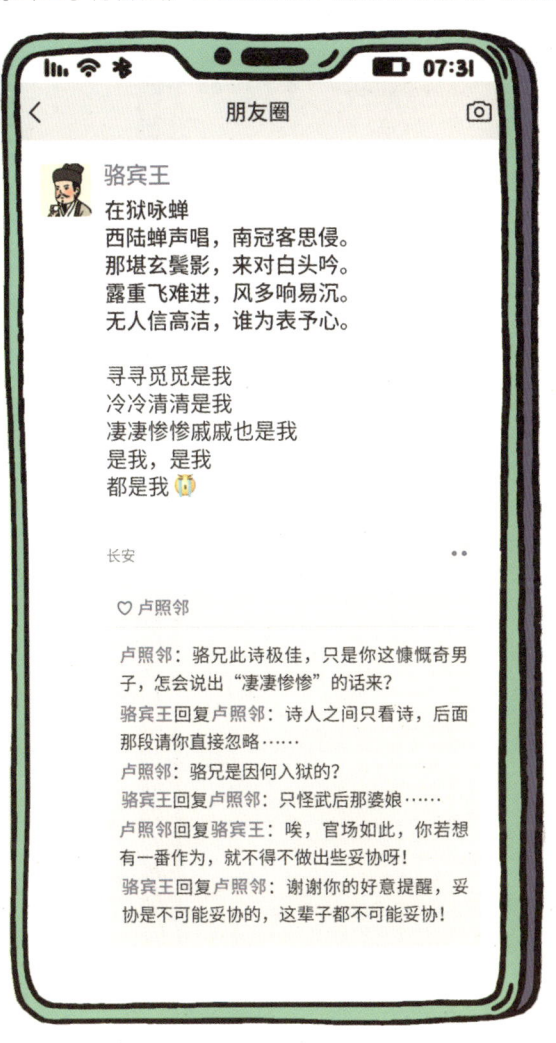

骆宾王
在狱咏蝉
西陆蝉声唱,南冠客思侵。
那堪玄鬓影,来对白头吟。
露重飞难进,风多响易沉。
无人信高洁,谁为表予心。

寻寻觅觅是我
冷冷清清是我
凄凄惨惨戚戚也是我
是我,是我
都是我 😭

长安

♡ 卢照邻

卢照邻:骆兄此诗极佳,只是你这慷慨奇男子,怎会说出"凄凄惨惨"的话来?
骆宾王回复卢照邻:诗人之间只看诗,后面那段请你直接忽略……
卢照邻:骆兄是因何入狱的?
骆宾王回复卢照邻:只怪武后那婆娘……
卢照邻回复骆宾王:唉,官场如此,你若想有一番作为,就不得不做出些妥协呀!
骆宾王回复卢照邻:谢谢你的好意提醒,妥协是不可能妥协的,这辈子都不可能妥协!

武后光宅元年（684年），功名之路曲折的骆宾王来到了扬州，在这里他遇见了热血青年徐敬业，两人一拍即合，决心以武力反抗武则天的统治，创出一番不世功业。两人分工明确，由语文成绩优异的骆宾王执笔，写下了令听者咬牙、闻者切齿的《讨武曌（zhào）檄》。

朋友圈

骆宾王
恕我直言，武曌就是个loser!

一抔之土未干，六尺之孤何托？
请看今日之域中，竟是谁家之天下！
——《讨武檄文》

> 伪临朝武氏者，性非和顺，地实寒微。昔充太宗下陈，曾以更衣入侍。洎乎晚节，秽乱春宫。潜隐先帝之私，阴图后房之嬖。入门见嫉，蛾眉不肯让人；掩袖工谗，狐媚偏能惑主。践元后于翚翟，陷吾君于聚麀。加以虺蜴为心，豺狼成性，近狎邪僻，残害忠良，杀姊屠兄，弑君鸩母。人神之所同嫉，天地之所不容。犹复包藏祸心，窥窃神器。君之爱子，幽之于别宫；贼之宗盟，委之以重任。呜呼！霍子孟之不作，朱虚侯之已亡。燕啄皇孙，知汉祚之将尽；龙漦帝后，识夏庭之遽衰……

扬州

♡ 徐敬业

徐敬业：骆兄，我果然没看错你，这篇文章一出，管叫四海震动！😊
骆宾王回复徐敬业：徐兄，但愿你我功业得成，肃清妖孽，恢复李唐王朝正统！
武曌：小骆呀，你的确是个奇才，为什么非要跟我作对呢？只怪我的宰相，让你这样的人才被敌方所用。
骆宾王回复武曌：妖后！想让我为你效忠，没门！

据说，武则天在读完檄文后也为骆宾王的才华惊叹，说："宰相安得失此人。"意思是说，宰相不善于搜罗人才，使得骆宾王这样的奇才为敌方所用。

四、用一首诗征服你

在初唐的诗坛上,除了"四杰"等较有名,还有一些诗人,他们的名气并不那样大,却凭借着某一首诗,在灿若星辰的大唐诗人群体间C位出道,比如:

"孤独者"陈子昂;

出口成"狂"杜审言;

"咏柳艺术家"贺知章;

"惜花"诗人刘希夷;

"孤篇横绝"张若虚。

24 笑死了！刷了1400年的大唐诗人朋友圈

📢 古希腊物理学家阿基米德有一句名言："给我一个支点，我就能撬动整个地球。"而在初唐的诗坛上，陈子昂用自己的"硬核"操作，向我们实力演绎了如何用一篇诗序撬动整个初唐的文学风尚。

> 初唐诗坛，浓艳轻薄的齐梁宫体诗风影响还很大，陈子昂却推崇建安时期明朗刚健的诗歌风貌，在《修竹诗序》中提出了"汉魏风骨"说，成为唐初诗文改革的宣言。其诗歌代表作《感遇诗三十八首》，对唐代文学的繁荣起到了开创性的作用。

> 卢藏用，陈子昂好友。陈子昂去世后，卢藏用将他的诗文编纂成《陈子昂集》，广为流传。

> 东方虬，唐代诗人。据说有一天陈子昂到朋友解三家做客，偶然读到了东方虬的《咏孤桐篇》，深受触动，便写下了《修竹诗》，诗前的序言便是有名的《修竹诗序》。

朋友圈 17:32

陈子昂
上帝说，你要走窄门。
我觉得这句话实在很有道理，于是在大家都铆足了劲去写宫体诗的时候，我却迈着魔鬼般的步伐，走上了一条不同寻常的路：汉魏风骨！
（PS：事实证明我是对的，否则大家就不会在这儿看见我了！😎）

🎋 **修竹诗序**

长安

♡ 卢藏用，东方虬

卢藏用：子昂兄，你这篇序真有雷霆之势，定能在文坛引起轰动！

陈子昂回复卢藏用：生我者父母，知我者卢兄也！❤

东方虬：子昂兄，你的《修竹诗》比我的《咏孤桐篇》可要好太多了。

陈子昂回复东方虬：东方兄太谦虚了，我应当谢谢你，给了我许多启发。

初唐诗人：我们可不是"前奏" 25

📢 周万岁通天元年（696年），胸怀大志的陈子昂终于有了上战场的机会。俗话说，不怕神一样的对手，就怕猪一样的队友。倒霉的是，陈子昂遇到的还不是队友，偏偏是队长。说又不听，打又不敢，陈子昂很孤独，很纠结，只得登上幽州台，借诗歌抒发一下怀抱。谁知道，这一抒发，却抒发出了一首传诵千古的诗。

陈子昂
登幽州台歌
前不见古人，后不见来者。
念天地之悠悠，独怆然而涕下。

遇到一个不会打仗的领导，我们这做幕僚的还能说什么！

古燕地幽州台

♡ 卢藏用

武攸宜：你内涵我？
陈子昂回复武攸宜：我只是觉得打仗不是儿戏，武将军你应该多听听别人的意见。
武攸宜回复陈子昂：我不要你觉得，我要我觉得。
陈子昂回复武攸宜：念天地之悠悠，独怆然而涕下。

> 公元696年，武则天派堂侄武攸宜东征契丹，陈子昂被选作幕府参谋随军出征。谁料，武攸宜刚愎自用，更全无谋略，军队连连失利。陈子昂几次直言上谏，都不被采用，反而被由参谋降为军曹，无法再参与决策。满心失落之际，陈子昂在一个黄昏，登上了古燕地幽州台。

26 笑死了！刷了1400年的大唐诗人朋友圈

📢 作为大诗人杜甫的爷爷，杜审言最有名的不是诗，而是他的那些经典语录，很狂，很傲。

朋友圈

杜审言
谁能比我狂？😎

> "狂人"杜审言语录大全（选）
>
> 语录三：一日，杜审言入京应试，苏味道是主考官。答完题后，杜审言走出吏部大堂对人道："苏味道必死无疑！"旁人不解，杜审言道："叫他看了我写的判词，定会觉得自愧不如，也不要养病而死！"
>
> 语录五十：杜审言病重，卧床不起。宋之问，武平一等人前来看望，询问病情。杜审言道："我活着，总是压在你们头上，便叫你们在文坛上无出头之日，如今我就要死了，我所遗憾的是，我还没有看到能够取代我的人。"

长安

♡ 李峤,崔融

苏味道：是你飘了，还是我拿不动刀了？🗡
杜审言回复苏味道：略略略略略略
宋之问回复苏味道：撕他！
苏味道回复宋之问：唯恐天下不乱的家伙！👊
苏味道回复杜审言：别人生气我不气，气出病来无人替🙄 好好好，你最狂，行了吧！
杜审言回复苏味道：我且独自美丽，不听你的花言巧语！😏
贺知章：我觉得俺也挺狂的，要不咱俩battle一下？🐌
杜审言回复贺知章：来就来，谁怕谁？

> 杜审言、苏味道、李峤、崔融，并称"文章四友"。

> 贺知章亦是狂人一个，还曾为自己起了个"四明狂客"的称号。

📢 唐玄宗天宝三年（744年）正月初五，是诗坛常青树贺知章退休的日子。这位德高望重的老艺术家，在同事们依依不舍的目光中，一步一步离开了生活半辈子的长安。

朋友圈

贺知章
回乡偶书
少小离家老大回，乡音无改鬓毛衰。
儿童相见不相识，笑问客从何处来？

唉，看来我果然是老了！离开家乡半辈子，如今终于回来了，乡音还没变，鬓发却已苍苍了。村里的小孩见到我，都问我是从哪里来的。

浙江会稽

♡ 李白,唐玄宗,皇太子李亨,张旭,包融,张若虚

李白：老贺，啥时候我俩能再在一块儿畅快喝酒呀！你昔日金龟换酒的豪情，我至今记忆犹新呢。

贺知章回复李白：小李呀，我老了，恐怕喝不过你咯！

李白回复贺知章：对了，听说最近你在某时间剧组客串了一个角色，可是又重新火了一把呢。

贺知章回复李白：唉，说到这儿，我上一次火起来好像是因为《咏柳》那首诗。一转眼，这都几十年过去了，岁月不饶人呀！

唐玄宗：季真呀，你在家乡好好安享晚年吧，我会多加提拔你儿子的。

贺知章回复唐玄宗：圣人，老臣万分感谢！

> 贺知章与李白是一对忘年交，两人都豪放不羁，酷爱饮酒，贺知章曾解下身上金龟，换酒与李白豪饮。贺知章去世后，李白写下《对酒忆贺监二首》。

> 贺知章、张若虚、张旭、包融，并称"吴中四士"。

> 《咏柳》是贺知章最有名的一首诗，家喻户晓。

28 笑死了！刷了1400年的大唐诗人朋友圈

📢 在初唐诗坛上，刘希夷是以写闺情诗著称的诗人。尤其是他在黑发健壮之时写下的一首《代悲白头翁》，凄恻伤感，简直是文艺青年提升格调的必读篇目。

> 据说刘希夷写完《代悲白头翁》后，曾拿给舅父宋之问看。宋之问对"年年岁岁花相似，岁岁年年人不同"两句尤其喜欢，就要刘希夷将这两句诗让给他。刘希夷坚决不从，后来便被宋之问派人害死。传说固不可信，但刘希夷的确在这首诗写成后不到一年便死了，时年不满30岁。诗人黑发健壮之时却写下《代悲白头翁》，这首诗最终成为诗人命运的谶语。

> 张若虚、刘希夷都是典型的靠一首诗名流千古的诗人。

朋友圈

刘希夷
花开的时候最珍贵，花落了就枯萎。错过了花期花怪谁，花需要人安慰。又是一年落花时节，突然心有戚戚，一首《代悲白头翁》送给大家，愿我们都能懂得珍惜！

洛阳城东桃李花，飞来飞去落谁家。
洛阳女儿好颜色，行逢落花长叹息。
今年花落颜色改，明年花开复谁在。
已见松柏摧为薪，更闻桑田变成海。
古人无复洛城东，今人还对落花风。
年年岁岁花相似，岁岁年年人不同。
……

长安

♡ 张若虚

宋之问：我的就是我的，你的也是我的。
刘希夷回复宋之问：呸，不要脸！
宋之问回复刘希夷：要脸干什么？能吃吗？
张若虚：希夷兄，你这首诗真是丝毫不逊于我的《春江花月夜》呀！
刘希夷回复张若虚：若虚兄，你有没有觉得咱俩的诗，越看越配。听说现在CP很吃香，要不我俩也组个CP吧！名字我都想好了，就叫"爱就一首诗"，你看咋样？
张若虚回复刘希夷：……
吃瓜群众：爱了，爱了，这是什么绝美CP！

五、初唐诗人特别采访记

在大唐二百八十九年间，唐诗无疑是其中最光彩的部分。然而，当人们提及中唐、盛唐诗人时，多是褒扬、赞叹，而初唐诗人们常是被忽略、被低估的存在。假如初唐诗人有一个接受采访的机会，他们又会怎样自我评价呢？我们拭目以待！

大诗姐
初唐的各位诗人，大家好，我是大唐诗人特别策划组的大诗姐，非常感谢大家百忙之际加入我们的微信群，接受我们的访问。🤝

上官仪
[表情]

宋之问
[表情]

大诗姐
后世普遍认为，盛唐才是大唐诗歌的高潮，而各位初唐诗人仅是"前奏"。对此，你们有什么看法呢？

王勃
呵呵哒，你觉得我们应该有什么看法呢？

大诗姐
咳咳，我觉得初唐诗人也是非常重要的。

初唐诗人：我们可不是"前奏" 31

大唐诗人特别策划组微信群(56)

王勃：有多重要呢？

大诗姐：嗯，好像是我在采访你们吧。

王勃：不好意思，不小心太投入了。关于这个问题，我觉得不应该由某一个人回答，它应该是这样的！@所有人

上官仪：因为有了我的"六对""八对"之说，律诗的对仗才完备起来。

王绩：因为有了我在平仄谐调方面的探索和尝试，律诗的音韵才和美起来。

王勃：@杨炯　因为有了我俩在五言律诗上的大力创作，五律才逐步成熟起来。

大唐诗人特别策划组微信群(56)

卢照邻：@骆宾王　因为有了我俩在七言歌行上的探索，盛唐歌行体诗才繁荣起来。

杜审言：因为有了我在五言、七言律诗上的贡献，律诗才真正确立起来。

沈佺期：@宋之问　"回忌声病，约句准篇"，因为有了我俩，五言、七言律诗才真正定型。

陈子昂：因为有了我提出的"汉魏风骨""风雅兴寄"，盛唐诗歌行将到来的序曲才唱响起来。

刘希夷：我的《代悲白头翁》。

张若虚：我的《春江花月夜》。

刘希夷：@所有人　所以……

大唐诗人特别策划组微信群(56)

杨炯：如果没有我们初唐诗人

卢照邻：就没有盛唐诗坛的盛况空前、百花齐放

骆宾王：不会有李白、杜甫的星光闪闪

上官仪：不会有王维、孟浩然的风生水起

王绩：不会有高适、岑参的跃马横刀

刘希夷：不会有五言、七言律诗的精致工整、平仄和谐

张若虚：不会有七言歌行体的章法多变、笔调纵横

杜审言：不会有七言绝句的臻于化境、蔚为神品

34 笑死了！刷了1400年的大唐诗人朋友圈

大唐诗人特别策划组微信群(56)

沈佺期：不会有杜甫的沉郁顿挫、众体皆工

张若虚：不会有长篇五古那丰富的表现力

陈子昂：更不会有那声律风骨兼备，"神来、气来、情来"的盛唐气象。

陈子昂：@所有人　我们是春花的初绽，我们是春水的初生，我们是一长串0前的1，我们是质变前那长久的累加，我们是过渡，我们更是萌芽……我们才不是"前奏"！

第二章
边塞诗人：功名只向马上取

边塞诗指的是描写边塞风光、军旅生活和战争题材的诗歌。从先秦、两汉再到魏晋南北朝，边塞诗得到了积累和发展。到了唐朝，边塞诗的创作达到顶峰。

为什么边塞诗在唐代就能达到顶峰？一是因为隋唐以来的百年间，边境的战事频繁，人们开始关注边塞生活；二是唐代拥有独立用人权力的军队幕府，为广大文人尤其是无缘科举的文人提供了建功立业的机会；三是唐代强大的边防和高度自信的时代风貌，给了文人投笔从戎、赴边求功的巨大信心。

那些充当幕僚的文人在战场上不一定能冲锋杀敌，但他们有自己的拿手武器——写诗，还是走哪儿写哪儿的那种。由于所见所闻都是边塞风光和军旅生活，边塞题材无疑成了他们创作的主要内容。因此，边塞诗在唐代，无论是创作数量还是艺术高度，都达到了顶峰，并真正形成了一个诗歌流派。

那些边塞诗人，用他们雄奇的想象、豪迈的精神和壮丽的诗篇，为我们展示了诗人勇武的一面，展示了"大唐气象"的魅力。

边塞诗人关系图

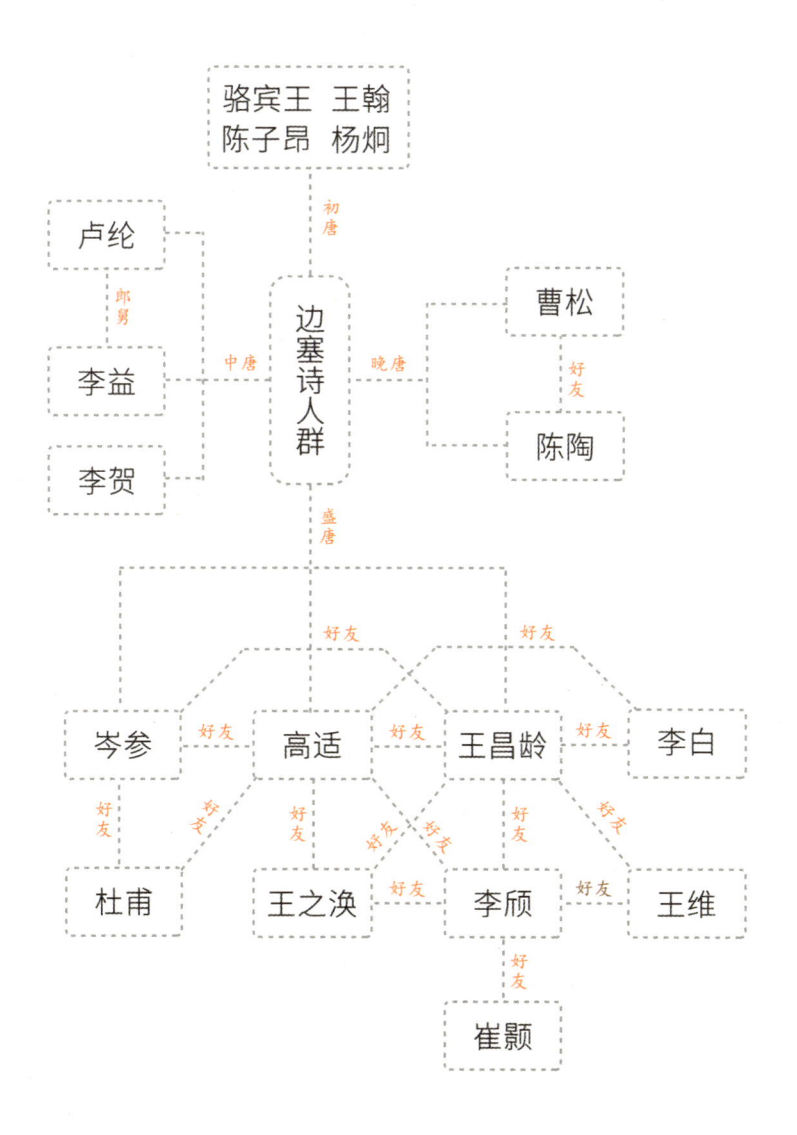

- 初唐:骆宾王、王翰、陈子昂、杨炯
- 中唐:卢纶(舅甥)李益、李贺
- 晚唐:曹松——好友——陈陶
- 盛唐:
  - 岑参——好友——高适——好友——王昌龄——好友——李白
  - 杜甫、王之涣、李颀、王维
  - 崔颢——好友——李颀
  - 高适、王昌龄、李颀、王维、杜甫、王之涣之间均为好友

一、边塞诗的"黄金时代"

在大唐诗坛上,边塞诗派是一个影响巨大、"明星"最多的诗歌创作流派。这一诗派以盛唐的高适、岑参为顶级偶像,王昌龄、李颀、王之涣、王翰等人为流量偶像。

另外,初唐的杨炯、骆宾王、陈子昂、杜审言,盛唐的李白、杜甫、王维、崔颢、刘湾、张谓,中唐的李贺、卢纶、李益等,都创作过大量优秀的边塞诗。

在那个黄金时代,边塞诗成为最热的话题,诗人间的问候语从"吃了吗"变成了"你出过塞吗"。

古人说"文无第一，武无第二"，文人之间的争斗是永无休止的。像诗文这种东西，到底谁的更好，很难说。这不，高唱着"我家住在边塞旁边"的王之涣就邀上他的好友"斗诗"来了。

王之涣

今天和高适、王昌龄去酒肆喝酒，恰好看到驻场在唱歌，于是我们打赌，谁写的诗被唱得最多，谁就是师父，剩下两个人乖乖磕头拜师。他俩的诗，也就前面垫场还行，最后压轴的还是我的《凉州词》：
黄河远上白云间，
一片孤城万仞山。
羌笛何须怨杨柳，
春风不度玉门关。
显然，我赢了赌局，然而这俩人耍赖，死活不磕头拜师，气死我了。

洛阳

♡ 高适,王昌龄,郭密之

高适：你说"唱得最多"啊，你的诗就被唱了一首，我们都是两首啊，凭啥算输？
王之涣回复高适：但我的诗是压轴之作啊！
王昌龄回复王之涣：别扯那没用的，反正我就不磕头，你能咋的？
王之涣回复王昌龄：你们俩太不像话！
郭密之：你看你当初放高适鸽子，现在他来报复你了，哈哈哈！
王之涣回复郭密之：放他鸽子那次不是也有你的份儿吗？

> 王之涣、高适、王昌龄三人酒馆斗诗，引用自唐代薛用弱《集异记》，里面记载过"旗亭画壁"的故事。

> 高适过蓟门时曾去拜访王之涣、郭密之，但未能如愿见面，作《蓟门不遇王之涣郭密之因以留赠》记录了此事。

笑死了！刷了1400年的大唐诗人朋友圈

📢 边塞诗人的"舵手"高适一开始只想好好种地，没想到后来带兵打仗，一路封侯拜将。这位职业军人平时也没闲着，体验了当诗人的快感。唐玄宗开元二十六年（738年），张守珪的部将打了一次败仗，触动了他的心思。

07:31

朋友圈

高适
那一次，随张守珪出塞回来的朋友给我写了一首《燕歌行》。鄙人当过兵，对此甚是感慨，所以我也和一首《燕歌行》。
🐔👎

汉家烟尘在东北，汉将辞家破残贼。
男儿本自重横行，天子非常赐颜色。
摐金伐鼓下榆关，旌旆逶迤碣石间。
校尉羽书飞瀚海，单于猎火照狼山。
山川萧条极边土，胡骑凭陵杂风雨。
战士军前半死生，美人帐下犹歌舞。
大漠穷秋塞草腓，孤城落日斗兵稀。
身当恩遇恒轻敌，力尽关山未解围。
铁衣远戍辛勤久，玉箸应啼别离后。
少妇城南欲断肠，征人蓟北空回首。
边庭飘飖那可度，绝域苍茫更何有。
杀气三时作阵云，寒声一夜传刁斗。
相看白刃血纷纷，死节从来岂顾勋。
君不见沙场征战苦，至今犹忆李将军！

长安

♡ 张守珪,王昌龄,王之涣,李白

张守珪：小高这诗写得真棒！
王昌龄：你这是饯火啊……
高适回复王昌龄：是的，老哥。
王之涣：所以啥时候磕头拜师？
高适回复王之涣：阁下何不同风起，扶摇直上九万里？你快哪儿凉快哪儿待着去！
李白回复高适：我知道这句诗，是我写的。

> 张守珪，唐朝名将，战功显赫，多次在边境与突厥、吐蕃、契丹等入侵者作战，为"开元盛世"做出了很大贡献。

> 李白在《上李邕》中有"大鹏一日同风起，扶摇直上九万里"的句子。

边塞诗人：功名只向马上取 41

📢 天宝十三年（754年）冬，高适与当时著名琴师董庭兰久别重逢。在短暂的相会后，两人又将各奔东西。在凄楚的渭城烟雨、灞桥柳色间，高适却以其洒脱、豁达，吟出了一首送别悲歌。

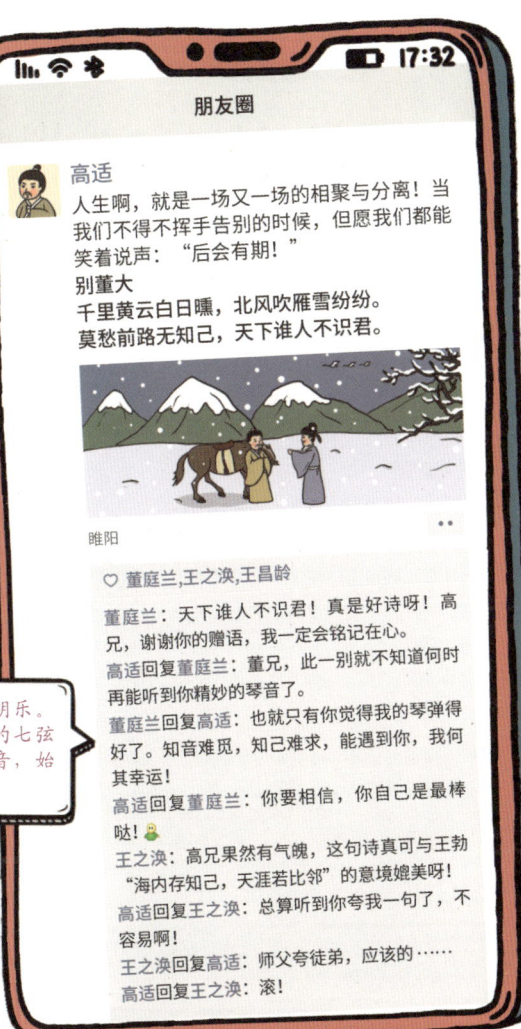

朋友圈

高适
人生啊，就是一场又一场的相聚与分离！当我们不得不挥手告别的时候，但愿我们都能笑着说声："后会有期！"
别董大
千里黄云白日曛，北风吹雁雪纷纷。
莫愁前路无知己，天下谁人不识君。

睢阳

♡ 董庭兰，王之涣，王昌龄

董庭兰：天下谁人不识君！真是好诗呀！高兄，谢谢你的赠语，我一定会铭记在心。
高适回复董庭兰：董兄，此一别就不知何时再能听到你精妙的琴音了。
董庭兰回复高适：也就只有你觉得我的琴弹得好了。知音难觅，知音难求，能遇到你，我何其幸运！
高适回复董庭兰：你要相信，你自己是最棒哒！😊
王之涣：高兄果然有气魄，这句诗真可与王勃"海内存知己，天涯若比邻"的意境媲美呀！
高适回复王之涣：总算听到你夸我一句了，不容易啊！
王之涣回复高适：师父夸徒弟，应该的……
高适回复王之涣：滚！

> 盛唐之时，盛行胡乐。而董庭兰因所学的七弦琴古老，难觅知音，始终郁郁不得志。

📢 边塞诗派中,岑参是与高适齐名的重量级人物。天宝八年(749年),一心盼望着"马上取功名"的岑参,受安西节度使高仙芝的邀请,投入幕府,开始了第一次从军生涯。

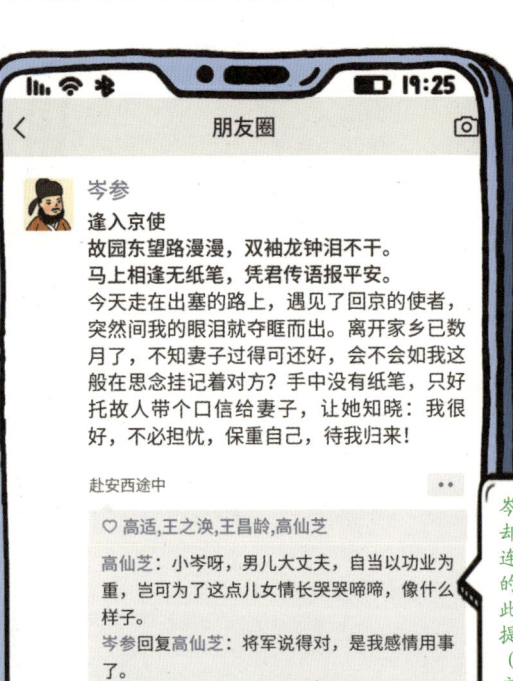

岑参
逢入京使
故园东望路漫漫,双袖龙钟泪不干。
马上相逢无纸笔,凭君传语报平安。
今天走在出塞的路上,遇见了回京的使者,突然间我的眼泪就夺眶而出。离开家乡已数月了,不知妻子过得可还好,会不会如我这般在思念挂记着对方?手中没有纸笔,只好托故人带个口信给妻子,让她知晓:我很好,不必担忧,保重自己,待我归来!

赴安西途中

♡ 高适,王之涣,王昌龄,高仙芝

高仙芝:小岑呀,男儿大丈夫,自当以功业为重,岂可为了这点儿女情长哭哭啼啼,像什么样子。
岑参回复高仙芝:将军说得对,是我感情用事了。
高适:岑兄,边塞生活的确艰辛,但为了我等的功业抱负,挺住就是一切。
岑参回复高适:高兄,受教了!
王昌龄:真没想到呀,岑兄你竟还是个情话boy,这语气,这深情,酸了酸了。
岑参回复王昌龄:哪能比得上你呀,你那闺怨诗一出,简直闻者伤心、听者流泪,你才是当之无愧的……
王昌龄回复岑参:情圣!😎
岑参回复王昌龄:哈哈,是知心大姐啦!
王昌龄回复岑参:岂有此理!看我40米的大刀,让你先跑个39米。🔪

> 岑参虽为高仙芝的幕僚,却对对方为了猎取富贵、连年征战、残忍杀害俘虏的做法十分不满。也因此,岑参一直难受重用和提拔。天宝十四年(755年)秋岑参回到长安,隐居了起来。

> 王昌龄除了写边塞、离别诗外,闺怨诗、宫怨诗也写得极好,以女子口吻,书写悲情哀怨,细腻动人。

📢 天宝十三年（754年），功业之心不死的岑参，在新任安西北庭节度使封常清的邀请下，再一次赴北庭边塞。重新归来的他，以满腔激情投身到了边塞诗创作，创作出了一大批气魄雄浑、脍炙人口的边塞诗歌。

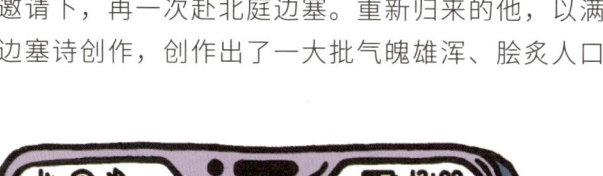

朋友圈

岑参
按往年来看，八月份的长安应该还穿单衣吧，可这西北边疆不一样，这里已经开始下雪了，哗哗地下。
武判官要回京享福去了，而我依旧要在这破地方冻得和孙子似的。一路保重，一首《白雪歌送武判官归京》送给你吧：
北风卷地白草折，胡天八月即飞雪。
忽如一夜春风来，千树万树梨花开。
散入珠帘湿罗幕，狐裘不暖锦衾薄。
将军角弓不得控，都护铁衣冷难着。
瀚海阑干百丈冰，愁云惨淡万里凝。
中军置酒饮归客，胡琴琵琶与羌笛。
纷纷暮雪下辕门，风掣红旗冻不翻。
轮台东门送君去，去时雪满天山路。
山回路转不见君，雪上空留马行处。

轮台

♡ 武判官,高适,杜甫

武判官：多谢赠诗！千树万树梨花开，写得真是传神，一下把这雪的动感写得淋漓尽致！送别宴营造个氛围，一点点往前推进，最后两句突然猛地一个急刹车，看着心里空落落的……看得我想哭，这诗真的绝了！
岑参回复**武判官**：一路顺风！
高适：虽然没写打仗，但这字里行间还真能感受到打仗的艰辛，这诗好啊！
杜甫：为啥你们写出来的诗都如此灵动，而我只有苦大仇深……😂

> 武判官，名武就，宪宗时宰相武元衡之父，岑参好友。

44 笑死了！刷了1400年的大唐诗人朋友圈

📢 边塞诗人王翰也要出场了！这个出生于大名鼎鼎的太原王氏家族的人，并不是一个半残废的官二代或者富二代，而是一代奇才。生性豪放不羁的他人缘不错，后来官至宰相的张说一直对他青睐有加，带着他上过一次战场。

朋友圈

王翰
今天又捣毁一个敌军据点，缴获葡萄酒若干，美滋滋啊！
虽然这西域素酒喝着有点没味儿，但有酒总比没有强。啥醉酒误事不误事的，说不定哪天就折战场上了，不如先喝爽了再说！
给大家唱一曲《凉州词》助助兴：
葡萄美酒夜光杯，
欲饮琵琶马上催。
醉卧沙场君莫笑，
古来征战几人回？

凉州

♡ 张嘉贞,张说

张嘉贞：你小子还是和年轻时候一样直性子啊，见酒就喝，一喝就大，喝大就唱。😂
王翰回复张嘉贞：说得就像您性子不急似的，哈哈哈！
张说回复张嘉贞：我看你说得未必就准。有一说一，真要是喝大了，我觉得王翰同学应该上桌子，不应规规矩矩地唱歌。
张嘉贞回复张说：你非得抬杠是不是？

> 张嘉贞与张说都曾就任并州长史，且均与王翰交好，但二人之间素有矛盾。

与王翰同宗、同派的王昌龄，命运却与王翰迥异。到王昌龄这一代，他已经是地地道道的农民，不过是农民+读书人。二十多岁时，在别人忙着科举出仕时，他却突然叛逆了，去嵩山当了道士。不过世界那么大，谁都想看看。没几年他又开始了他的穷游生活，一路向西，到了边关。

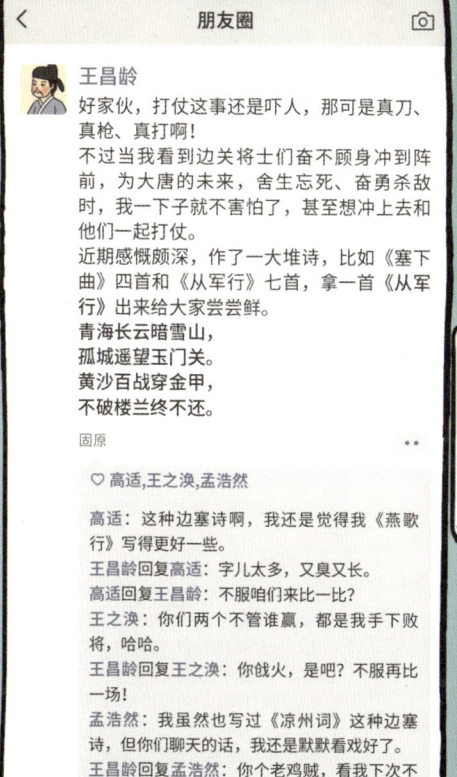

王昌龄

好家伙，打仗这事还是吓人，那可是真刀、真枪、真打啊！

不过我当时看到边关将士们奋不顾身冲到阵前，为大唐的未来，舍生忘死、奋勇杀敌时，我一下子就不害怕了，甚至想冲上去和他们一起打仗。

近期感慨颇深，作了一大堆诗，比如《塞下曲》四首和《从军行》七首，拿一首《从军行》出来给大家尝尝鲜。

青海长云暗雪山，
孤城遥望玉门关。
黄沙百战穿金甲，
不破楼兰终不还。

固原

♡ 高适，王之涣，孟浩然

高适：这种边塞诗啊，我还是觉得我《燕歌行》写得更好一些。

王昌龄回复高适：字儿太多，又臭又长。

高适回复王昌龄：不服咱们来比一比？

王之涣：你们两个不管谁赢，都是我手下败将，哈哈。

王昌龄回复王之涣：你馋火，是吧？不服再比一场！

孟浩然：我虽然也写过《凉州词》这种边塞诗，但你们聊天的话，我还是默默看戏好了。

王昌龄回复孟浩然：你个老鸡贼，看我下次不喝死你。

> 开元二十八年(740年)，王昌龄被贬路过襄阳，访孟浩然，相见甚欢。当时孟浩然背上长了毒疮，医治将愈，但因纵情宴饮，食鲜疾发，果真被王昌龄喝死了。

📢 在王昌龄现存的一百八十多首诗中，赠答送别诗近五十余首。仕途的失意给王昌龄带来了莫大的忧伤，与友人的赠答送别诗便成了他抒发心中委屈最重要的作品。

王昌龄
有人问我，我就会讲，但是无人来。

芙蓉楼送辛渐
寒雨连江夜入吴，平明送客楚山孤。
洛阳亲友如相问，一片冰心在玉壶。

芙蓉楼

辛渐：王兄，我竟没想到你这样爱我，舍不得我到流泪，感动。

王昌龄回复辛渐：老辛，我能向你要几张脸皮吗？

辛渐回复王昌龄：？？

王昌龄回复辛渐：我看你的脸皮这么厚，里三层外三层，少几张应该没关系吧！

高适：咱就充当一回你的洛阳亲友吧，你有啥心事呀？跟我说说。

王昌龄回复高适：我心如冰亦如雪。

高适回复王昌龄：王兄，能说人话吗？

王昌龄回复高适：想我王昌龄，半生辗转边塞、朝堂，却只落得个沉沦下僚，四处贬谪。可即便如此，我的心依旧如玉壶，如明月，玉洁冰清。

> 王昌龄的这首送别诗，实际上是淡写离情别绪，而着重写自己的高风亮节。他以冰壶自比，表达自己高洁傲岸的人格。

📢 世人只记得崔颢写过一首让"诗仙"李白都认尽的《黄鹤楼》,却不知道,崔颢其实也算是一个边塞诗人,虽然他年轻时是个轻薄浪子。

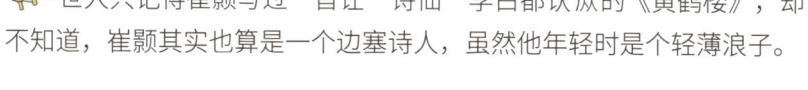

朋友圈

崔颢
边塞苦,打仗难啊!说实在的,不亲自到这战场上看一看,还真的就理解不了这边塞到底是怎么回事儿。就像之前看过高适的一句诗,"君不见沙场征战苦"啊!
一首《辽西作》,送给边关的战士们吧!
燕郊芳岁晚,残雪冻边城。
四月青草合,辽阳春水生。
胡人正牧马,汉将日征兵。
露重宝刀湿,沙虚金鼓鸣。
寒衣着已尽,春服与谁成。
寄语洛阳使,为传边塞情。

辽西

♡李白,李邕

李白:虽说你《黄鹤楼》写得比我强,但你这首《辽西作》比我的《关山月》还是差点。
崔颢回复李白:你就接着吹吧你!战场都没上过,你嘚瑟个什么劲。
李白回复崔颢:你等着,我这辈子不上个战场我就不姓白!
崔颢回复李白:你快闭嘴吧,你本来就不姓白啊。
李邕:虽然你年轻时写的东西颇为浮艳,但这首却是令我刮目相看。
崔颢回复李邕:我觉着不是浮艳不浮艳的问题,是因为我那时候没给你送礼,你就不说好话。

> 元代辛文房《唐才子传》说:"(崔颢)后游武昌,登黄鹤楼,感慨赋诗。及李白来,曰:'眼前有景道不得,崔颢题诗在上头。'无作而去。"

> 李邕,唐朝大臣、书法家,爱好结交名士。

> 《唐才子传》评价崔颢:"少年为诗,意浮艳,多陷轻薄。"

48 笑死了！刷了1400年的大唐诗人朋友圈

📢 唐朝边塞诗人中有一个"奇葩"叫李颀，高适、王昌龄、王维、崔颢等都是他的朋友。他年轻时交友不慎导致万贯家财挥霍一空，后改过自新，苦读圣贤书。别人的边塞诗都是歌功颂德，他却热衷于反战主题。

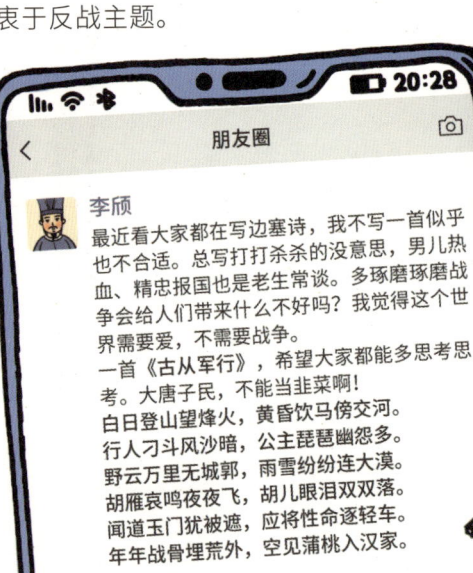

朋友圈

李颀
最近看大家都在写边塞诗，我不写一首似乎也不合适。总写打打杀杀的没意思，男儿热血、精忠报国也是老生常谈。多琢磨琢磨战争会给人们带来什么不好吗？我觉得这个世界需要爱，不需要战争。
一首《古从军行》，希望大家都能多思考思考。大唐子民，不能当韭菜啊！
白日登山望烽火，黄昏饮马傍交河。
行人刁斗风沙暗，公主琵琶幽怨多。
野云万里无城郭，雨雪纷纷连大漠。
胡雁哀鸣夜夜飞，胡儿眼泪双双落。
闻道玉门犹被遮，应将性命逐轻车。
年年战骨埋荒外，空见蒲桃入汉家。

长安

♡ 高适,王昌龄,王维

高适：我怀疑你在借古讽今，但我没有证据。
李颀回复高适：我不是，我没有，别瞎说啊！
高适回复李颀：行吧，我假装信了……😂
王昌龄：你这诗啊，一句扣一句，似乎在描述战争之惨烈。但看到最后一句，突然发现，你就是在闹脾气。
李颀回复王昌龄：我说汉朝的事情，关现在什么事？😓
王维：说起葡萄，我家别墅院里还种了几株，夏天坐在葡萄架下吃葡萄，真的舒服。
李颀回复王维：虽然你也写过边塞诗，但骨子里到底还是田园诗人啊……

> 蒲桃，即现在所说的"葡萄"。汉武帝时为了求天马（大宛名马），开通西域，便乱启战端。当时随天马进入中国的还有"蒲桃"（葡萄）和苜蓿的种子，汉武帝把它们种在离宫别馆旁边，弥望皆是。

二、边塞诗的落幕

　　当老一辈边塞诗人逐渐老去,大唐最光辉的一段时光也走到了尾声,盛唐就这样悄无声息地过去了,一切都在走下坡路。不管是国力,还是文坛,看起来都不会再现以前的辉煌。
　　很多人会觉得丧,很多人会觉得愁——除了那些一直在边塞打仗的人。连死都不怕,还怕写几首诗不成?但不可否认的是,中晚唐的边塞诗歌早已没有了之前的豪情壮志,取而代之的是一种凄厉与沉痛。

📢 卢纶可不是专业的边塞诗人，年轻时他应试屡试不中，但他凭借自己在诗坛的盛名还是挤进了当时的贵胄圈，无奈当时国家动乱，他一直没有机会大显身手。尽管如此，中年的时候他还是凭着写诗的一技之长开始了军旅生活，那些流传后世的边塞诗大都是那时的创作。

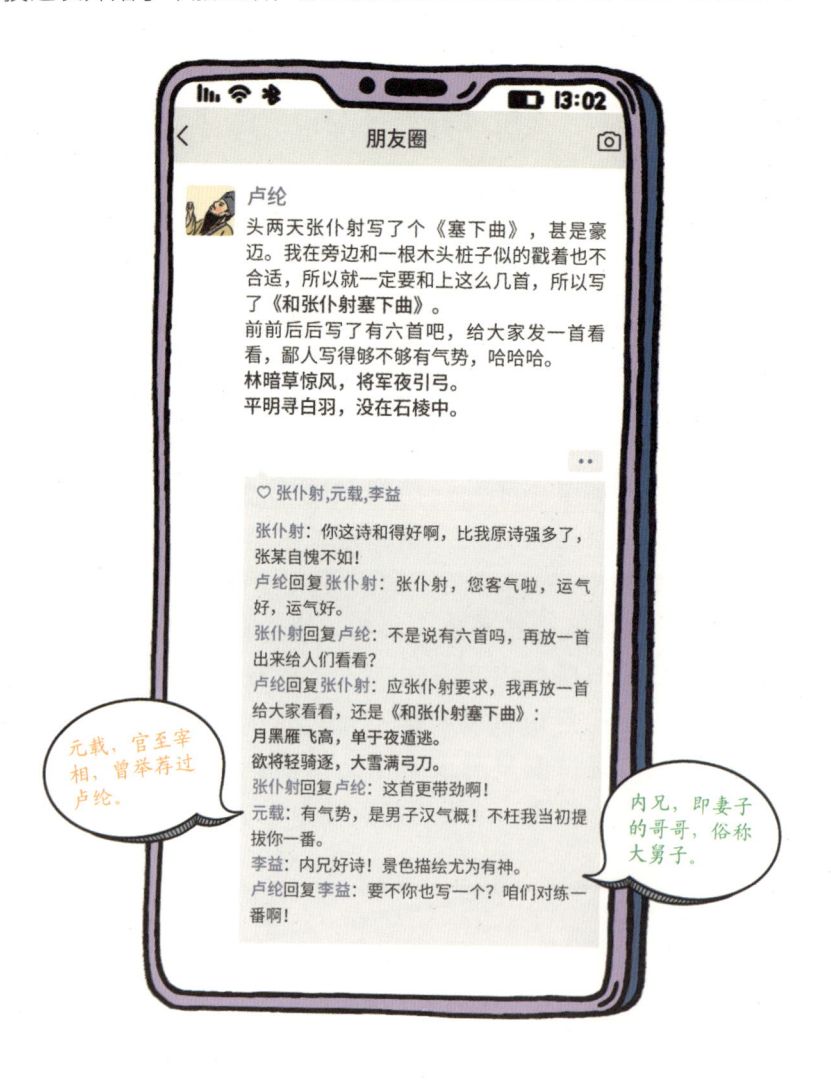

卢纶

头两天张仆射写了个《塞下曲》，甚是豪迈。我在旁边和一根木头桩子似的戳着也不合适，所以就一定要和上这么几首，所以写了《和张仆射塞下曲》。
前前后后写了有六首吧，给大家发一首看看，鄙人写得够不够有气势，哈哈哈。
林暗草惊风，将军夜引弓。
平明寻白羽，没在石棱中。

♡ 张仆射,元载,李益

张仆射：你这诗和得好啊，比我原诗强多了，张某自愧不如！
卢纶回复张仆射：张仆射，您客气啦，运气好，运气好。
张仆射回复卢纶：不是说有六首吗，再放一首出来给人们看看？
卢纶回复张仆射：应张仆射要求，我再放一首给大家看看，还是《和张仆射塞下曲》：
月黑雁飞高，单于夜遁逃。
欲将轻骑逐，大雪满弓刀。
张仆射回复卢纶：这首更带劲啊！
元载：有气势，是男子汉气概！不枉我当初提拔你一番。
李益：内兄好诗！景色描绘尤为有神。
卢纶回复李益：要不你也写一个？咱们对练一番啊！

> 元载，官至宰相，曾举荐过卢纶。

> 内兄，即妻子的哥哥，俗称大舅子。

📢 "诗场"上沾亲带故之人很多,大家产生交集的地方也很多。比方说卢纶的妹夫——李益。这两位还真是"不是一家人,不进一家门",李益和卢纶一样官场不顺,官场诗作不少。不过,对比卢纶这个当大舅子的,李益那诗写得就苦了些,满是悲伤。

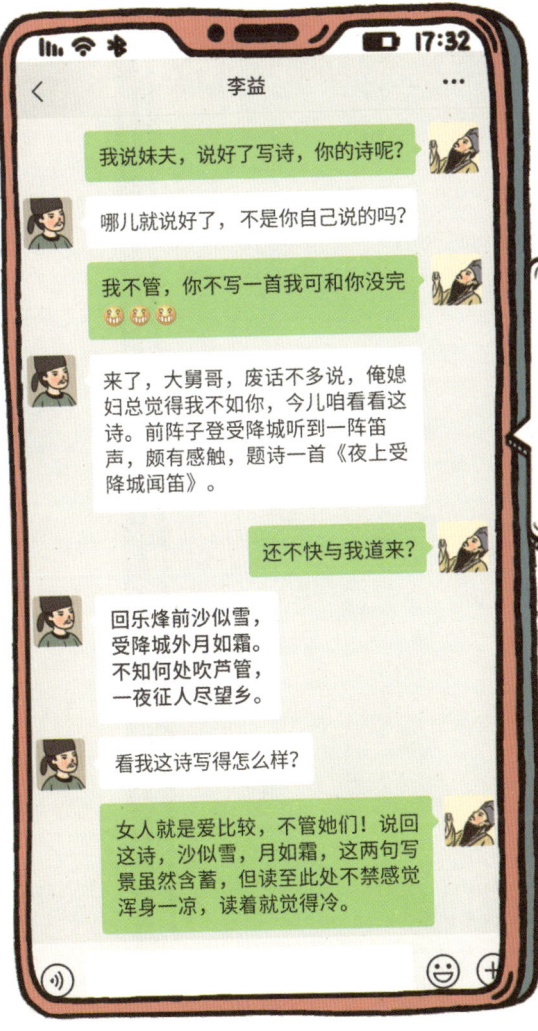

李益

> 我说妹夫,说好了写诗,你的诗呢?

哪儿就说好了,不是你自己说的吗?

> 我不管,你不写一首我可和你没完😤😤😤

来了,大舅哥,废话不多说,俺媳妇总觉得我不如你,今儿咱看看这诗。前阵子登受降城听到一阵笛声,颇有感触,题诗一首《夜上受降城闻笛》。

> 还不快与我道来?

回乐烽前沙似雪,受降城外月如霜。不知何处吹芦管,一夜征人尽望乡。

看我这诗写得怎么样?

> 女人就是爱比较,不管她们!说回这诗,沙似雪,月如霜,这两句写景虽然含蓄,但读至此处不禁感觉浑身一凉,读着就觉得冷。

受降城,唐初名将张仁愿为了防御突厥,在黄河以北筑受降城,共有东、中、西三城,都在今内蒙古自治区境内。另有一种说法是,贞观二十年(646年),唐太宗亲临灵州接受突厥一部的投降,"受降城"之名由此而来。

> **李益**
>
> → 最后这个"一夜征人尽望乡",一下给人这情绪就勾起来了,又苦、又悲、又孤独。你这诗啊,真不错。
>
> ← 大舅哥谬赞了。
>
> → 好是好,就未免太苦大仇深了一些……
>
> ← 我写诗一直就这个样子,改不过来了。😂

📢 中唐时期有个韩愈，他看厌了南北朝以来的脂粉气，反对只注重声律对仗却忽视内容的骈文，他希望人们的文章能继承先秦两汉时期的散文传统，不要所有人写出来都一样单调、浮夸。韩愈不喜欢一成不变的东西，他希望一切都是崭新的。有一天，有个名叫李贺的年轻人给他一首诗，和所有人的套路都不一样。

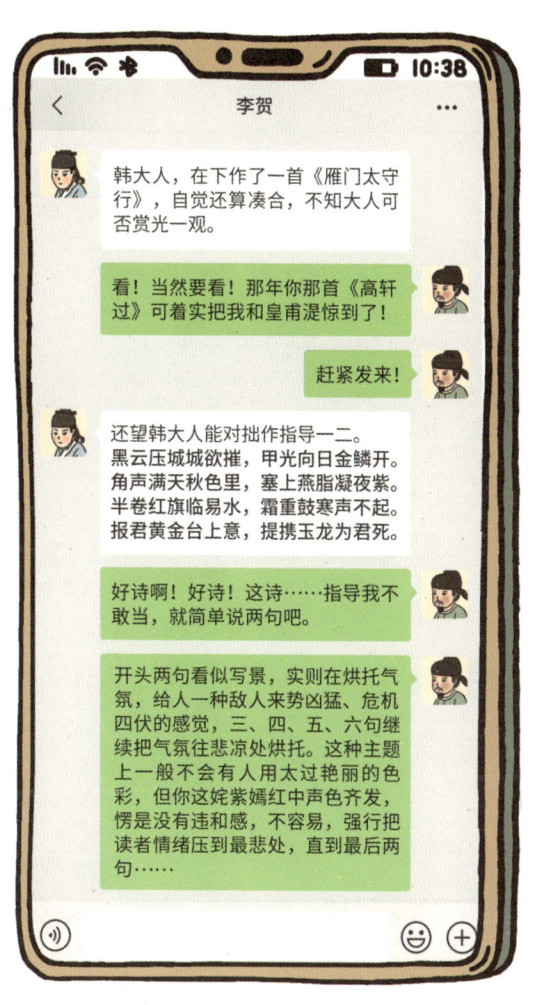

李贺

李贺：韩大人，在下作了一首《雁门太守行》，自觉还算凑合，不知大人可否赏光一观。

韩愈：看！当然要看！那年你那首《高轩过》可着实把我和皇甫湜惊到了！

韩愈：赶紧发来！

李贺：还望韩大人能对拙作指导一二。
黑云压城城欲摧，甲光向日金鳞开。
角声满天秋色里，塞上燕脂凝夜紫。
半卷红旗临易水，霜重鼓寒声不起。
报君黄金台上意，提携玉龙为君死。

韩愈：好诗啊！好诗！这诗……指导我不敢当，就简单说两句吧。

韩愈：开头两句看似写景，实则在烘托气氛，给人一种敌人来势凶猛、危机四伏的感觉，三、四、五、六句继续把气氛往悲凉处烘托。这种主题上一般不会有人用太过艳丽的色彩，但你这姹紫嫣红中声色齐发，愣是没有违和感，不容易，强行把读者情绪压到最悲处，直到最后两句……

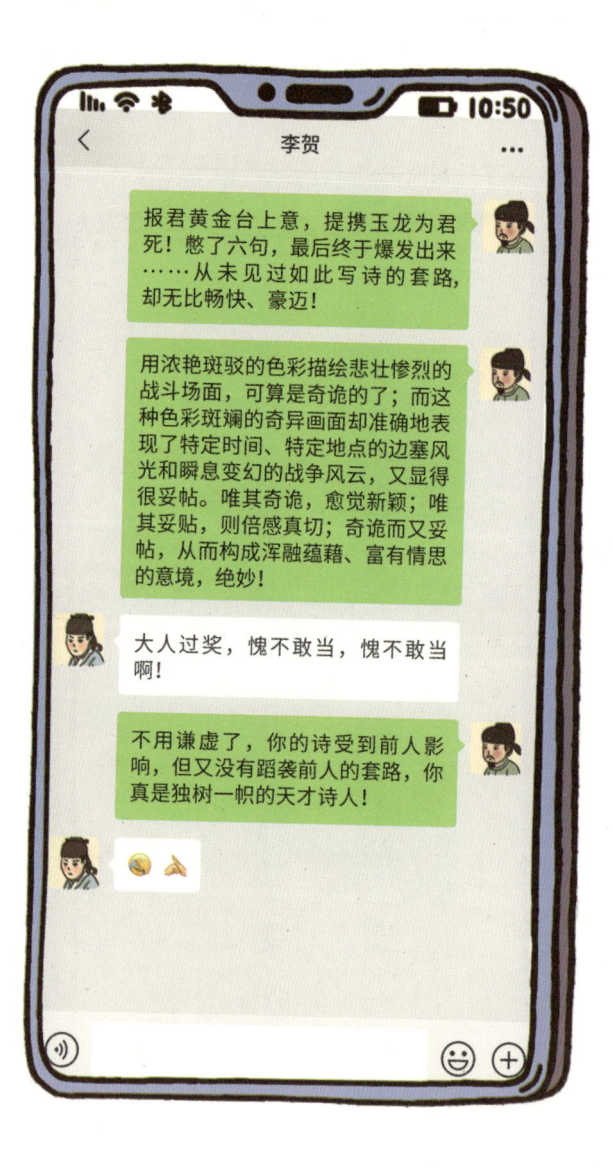

54 笑死了！刷了1400年的大唐诗人朋友圈

李贺

> 报君黄金台上意，提携玉龙为君死！憋了六句，最后终于爆发出来……从未见过如此写诗的套路，却无比畅快、豪迈！

> 用浓艳斑驳的色彩描绘悲壮惨烈的战斗场面，可算是奇诡的了；而这种色彩斑斓的奇异画面却准确地表现了特定时间、特定地点的边塞风光和瞬息变幻的战争风云，又显得很妥帖。唯其奇诡，愈觉新颖；唯其妥贴，则倍感真切；奇诡而又妥帖，从而构成浑融蕴藉、富有情思的意境，绝妙！

李贺： 大人过奖，愧不敢当，愧不敢当啊！

> 不用谦虚了，你的诗受到前人影响，但又没有蹈袭前人的套路，你真是独树一帜的天才诗人！

李贺： 🥮 📢

📢 唐朝末年有一个自称"三教布衣"的人叫陈陶,他曾经也和多数文人一样希望科举入仕,无奈天不遂人愿,后来他便索性游历天下去了。一路北上到了无定河,他写下了后来家喻户晓的诗句。

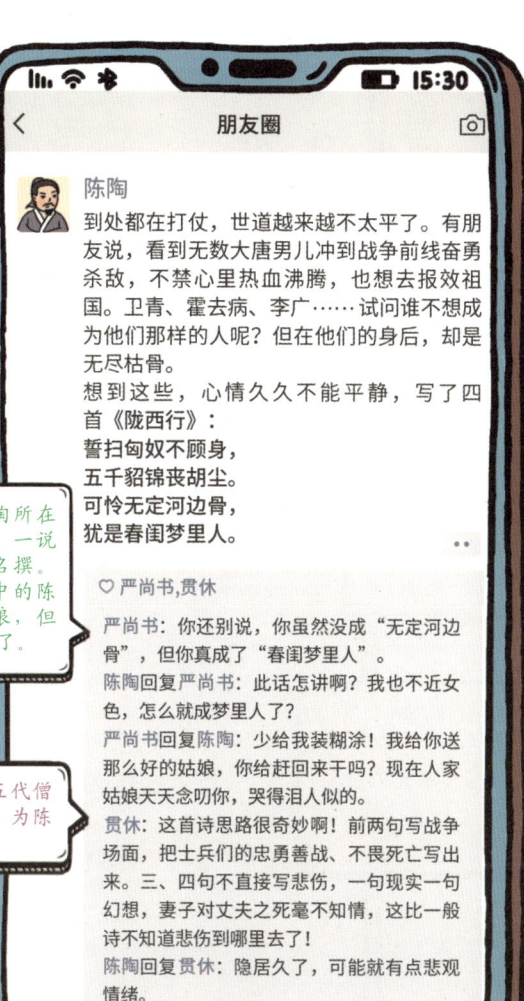

朋友圈

陈陶
到处都在打仗,世道越来越不太平了。有朋友说,看到无数大唐男儿冲到战争前线奋勇杀敌,不禁心里热血沸腾,也想去报效祖国。卫青、霍去病、李广……试问谁不想成为他们那样的人呢?但在他们的身后,却是无尽枯骨。
想到这些,心情久久不能平静,写了四首《陇西行》:
誓扫匈奴不顾身,
五千貂锦丧胡尘。
可怜无定河边骨,
犹是春闺梦里人。

♡ **严尚书,贯休**

严尚书:你还别说,你虽然没成"无定河边骨",但你真成了"春闺梦里人"。
陈陶回复严尚书:此话怎讲啊?我也不近女色,怎么就成梦里人了?
严尚书回复陈陶:少给我装糊涂!我给你送那么好的姑娘,你给赶回来干吗?现在人家姑娘天天念叨你,哭得泪人似的。
贯休:这首诗思路很奇妙啊!前两句写战争场面,把士兵们的忠勇善战、不畏死亡写出来。三、四句不直接写悲伤,一句现实一句幻想,妻子对丈夫之死毫不知情,这比一般诗不知道悲伤到哪里去了!
陈陶回复贯休:隐居久了,可能就有点悲观情绪。

> 严尚书,陈陶所在地区节度使,一说名宇,一说名撰。曾给隐居山中的陈陶送了个姑娘,但被陈陶退回去了。

> 贯休,唐末五代僧人,擅诗画,为陈陶好友。

📢 唐朝末年,有一位骑着驴的瘦削中年秀才,总是满脸忧愁,在路上且吟且行。看着战火中挣扎的无辜百姓,当时他就作了两首诗。

曹松

我考了半辈子试,也没考上个进士,总觉得自己挺苦的。朋友们总说我,又苦又瘦还骑着驴,写诗也喜欢一个字一个字细抠,像极了当年的贾岛。

不过我跟他还是挺不一样的,他那会儿的世道可没有现在这么乱,他不需要像我这样愤怒。

算了,不说那么多了,最近看着打仗就糟心,不由得心有所想,写了两首《己亥岁》,放一首:

泽国江山入战图,
生民何计乐樵苏。
凭君莫话封侯事,
一将功成万骨枯。

> 此诗题下注"僖宗广明元年(880年)",按"己亥"为广明前一年即乾符六年(879年)的干支,此诗大约是在广明元年追忆前一年时事而作。

♡ 高骈,陈陶

高骈:一将功成万骨枯?你是在说我打黄巢没有功绩了?
曹松回复高骈:我可没说没有功绩,功在杀人多。
高骈回复曹松:你这么说话,未免口太冷点了吧!
陈陶:你这哪里是诗啊,简直就是一把刀子!凭君莫话封侯事,这句可太酸了。
曹松回复陈陶:我这可不是酸,是恨哪。
陈陶回复曹松:看出来了,最后一句听着就血淋淋的,毫无修饰,直击人性,可谓字字千钧。

> 高骈,先世为山东名门"渤海高氏",唐朝后期名将、诗人。乾符六年镇海节度使高骈就以在淮南镇压黄巢起义军的"功绩"受到封赏。

三、假设边塞诗人们凑到一个群……

公元903年，曹松去世，至此本章介绍的所有诗人都已经随着曾经光芒万丈的大唐王朝离世。

第二年，朱温杀昭宗，立傀儡皇帝哀帝。公元907年，朱温通过禅让的形式夺取帝位，代唐称帝，国号"梁"。

历经21位皇帝、289载春秋的大唐王朝，从此消失在历史的长河之中。

唐朝这些年来不容易，光国都被攻占就发生了好几次：

安史之乱时，玄宗入蜀，肃宗北上灵武；吐蕃攻陷长安的时候，代宗东奔陕州；二帝四王之乱时，德宗西逃奉天；黄巢起义的时候，僖宗又入蜀；朱玫之乱的时候，僖宗再度出奔；唐末李茂贞攻长安，昭宗东奔华州……

没有一个朝代能如大唐这般，沦陷这么多次却依旧坚挺，千百年后还被世人称为"大唐盛世"。

或许，这就是属于大唐的风骨——可以被一次又一次击倒，但又一次又一次挺立。

📢 唐朝边塞诗人有很多,我们文中所提及的,也不过是沧海之一粟、九牛之一毛;流传下来的边塞诗就更多了,几乎所有的重要诗人都创作过这个题材的作品。这些诗人之间,或熟识,或陌生,或存在千丝万缕的联系,老死不相往来……倘若把这些人都凑在一个群里,会发生什么有趣的事情呢?

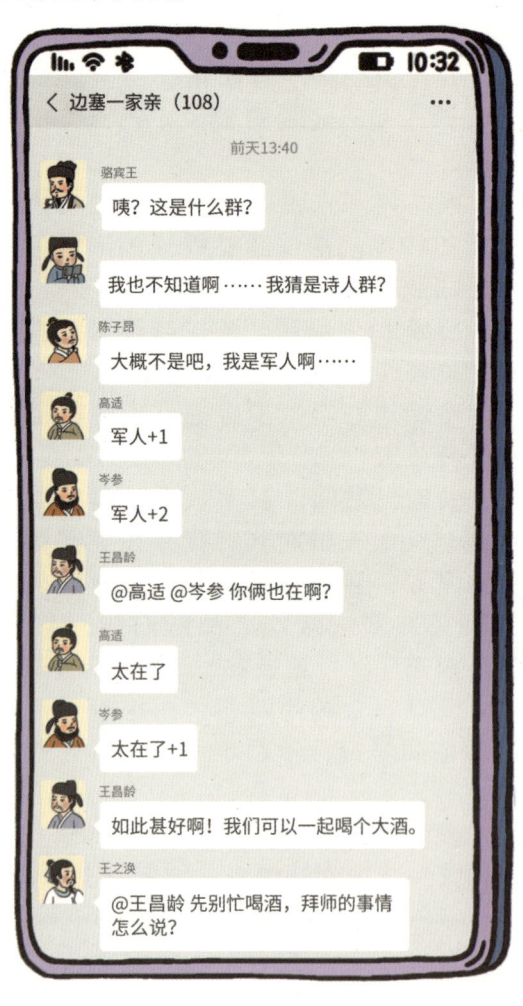

边塞一家亲(108)

前天13:40

骆宾王
咦?这是什么群?

杨炯
我也不知道啊……我猜是诗人群?

陈子昂
大概不是吧,我是军人啊……

高适
军人+1

岑参
军人+2

王昌龄
@高适 @岑参 你俩也在啊?

高适
太在了

岑参
太在了+1

王昌龄
如此甚好啊!我们可以一起喝个大酒。

王之涣
@王昌龄 先别忙喝酒,拜师的事情怎么说?

边塞一家亲（108）

李白
@王昌龄 要喝酒吗？

高适
@李白 那是找我喝酒的，你个造反派快闭嘴吧！

杜甫
高哥，其实后来永王和白哥都平反了……

王昌龄
不是平反不平反的事儿，明明是找我喝酒，关他什么事情？

李白
咋有意见啊？不服线下碰一碰啊？

杜甫
@李白 @高适 二位停一下停一下，好不容易有这么个群，吵架就不好啦！给我个面子，咱都消消气儿。

前天20:23

骆宾王
所以，这是对骂群？

边塞一家亲（108）

杨炯：不知道啊……咱就看戏吧，管他啥群。

王翰：我就喝着葡萄酒默默看戏。

李颀：我就吃着葡萄干默默看戏。

王维：我就搭着葡萄架默默看戏。

杜甫：你们太坏了！这都要打起来了，还在这儿看戏！

李贺：@杜甫 表叔啊，您也在哪？

杜甫：咦？你是哪一个？我不认识啊……

李贺：那您肯定不认识，我岁数太小啦。我爸爸您肯定知道，李晋肃。

杜甫：噢，晋肃表弟啊！那你还真得叫我声表叔。

边塞诗人：功名只向马上取 61

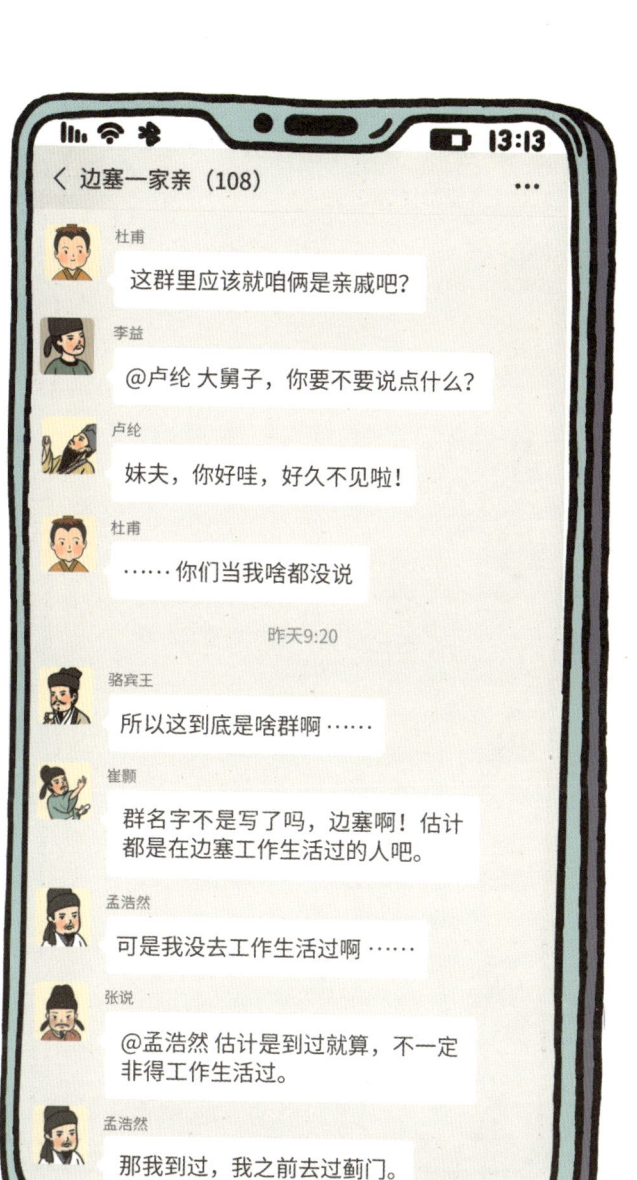

边塞一家亲（108）

杜甫：这群里应该就咱俩是亲戚吧？

李益：@卢纶 大舅子，你要不要说点什么？

卢纶：妹夫，你好哇，好久不见啦！

杜甫：……你们当我啥都没说

昨天9:20

骆宾王：所以这到底是啥群啊……

崔颢：群名字不是写了吗，边塞啊！估计都是在边塞工作生活过的人吧。

孟浩然：可是我没去工作生活过啊……

张说：@孟浩然 估计是到过就算，不一定非得工作生活过。

孟浩然：那我到过，我之前去过蓟门。

边塞一家亲（108）

骆宾王：所以这是个边塞群？

陈陶：@骆宾王 我觉得"边塞"这个说法并不充分，应该说是"边塞诗人"。

骆宾王：噢？诗人？

陈陶：您辈分高，年岁大，很多后起之秀您不认识。群里人都是我前辈，我都听说过，自然知道，这里都是诗人，而且群名字所说"边塞"，这些人也都写过边塞诗。

曹松：我觉得没毛病！

昨天14:36

骆宾王：那咱这群总得有个管事的吧？大家有什么好的提议？

杨炯：我提议年纪最大的来管理，毕竟年纪大经验足嘛！我觉得@骆宾王 就不错，大家怎么看？

李颀：我觉得可以！

边塞诗人：功名只向马上取 63

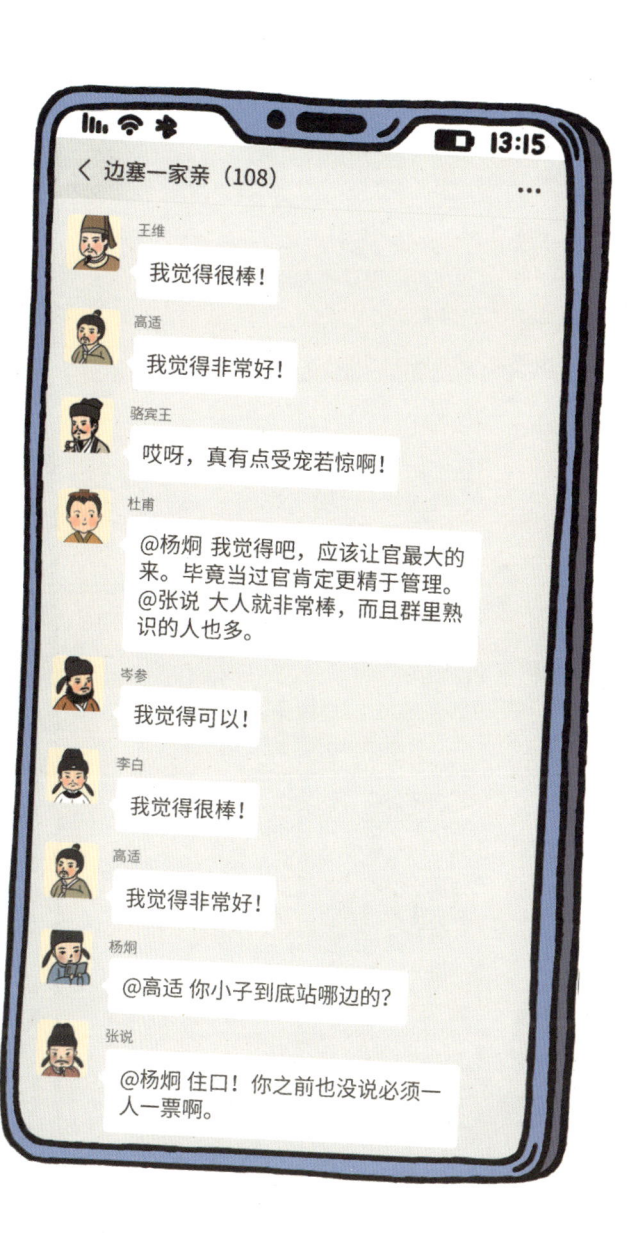

边塞一家亲（108）

王维
我觉得很棒！

高适
我觉得非常好！

骆宾王
哎呀，真有点受宠若惊啊！

杜甫
@杨炯 我觉得吧，应该让官最大的来。毕竟当过官肯定更精于管理。@张说 大人就非常棒，而且群里熟识的人也多。

岑参
我觉得可以！

李白
我觉得很棒！

高适
我觉得非常好！

杨炯
@高适 你小子到底站哪边的？

张说
@杨炯 住口！你之前也没说必须一人一票啊。

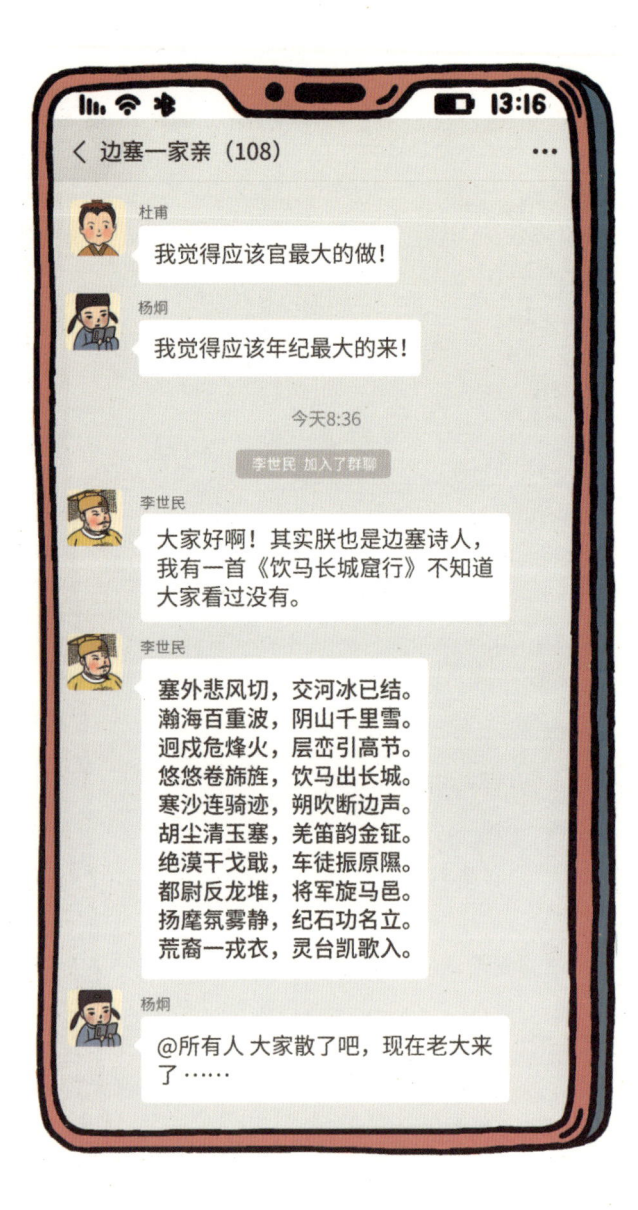

64 笑死了！刷了1400年的大唐诗人朋友圈

边塞一家亲（108）

杜甫：我觉得应该官最大的做！

杨炯：我觉得应该年纪最大的来！

今天8:36

李世民 加入了群聊

李世民：大家好啊！其实朕也是边塞诗人，我有一首《饮马长城窟行》不知道大家看过没有。

李世民：
塞外悲风切，交河冰已结。
瀚海百重波，阴山千里雪。
迥戍危烽火，层峦引高节。
悠悠卷旆旌，饮马出长城。
寒沙连骑迹，朔吹断边声。
胡尘清玉塞，羌笛韵金钲。
绝漠干戈戢，车徒振原隰。
都尉反龙堆，将军旋马邑。
扬麾氛雾静，纪石功名立。
荒裔一戎衣，灵台凯歌入。

杨炯：@所有人 大家散了吧，现在老大来了……

第三章

王维、孟浩然：
不如归去，做个闲人

《哈姆雷特》里有一句很经典的话："生存还是毁灭，这是个问题。"而对大唐的诗人们来说，做官还是归隐，这也是个问题。

从李白到李商隐，从虞世南到贾岛，从高适到岑参……他们都曾有过在做官与归隐间辗转的经历，但要说到最具代表性的两位，还得是王维与孟浩然这对好友。

自称"佛系青年"的王维，当过红极一时的音乐家，中过状元，上过战场，做过官，甚至有一次还差点被打成叛国贼。他一生的经历极为丰富多彩，一点都不"佛"。可以说，王维的一生是处在"想隐居但不得不去当官"的纠结状态。

孟浩然也同样纠结，只不过他与王维纠结的方向正好相反，孟浩然是想当官却不得不隐居。没办法，嘴欠把皇上得罪了，钦点的"泼脏水"，他在仕途上注定混不下去，只得被逼无奈，做一名"山水田园诗人"。他这个人啊，运气不好。

王维、孟浩然关系图

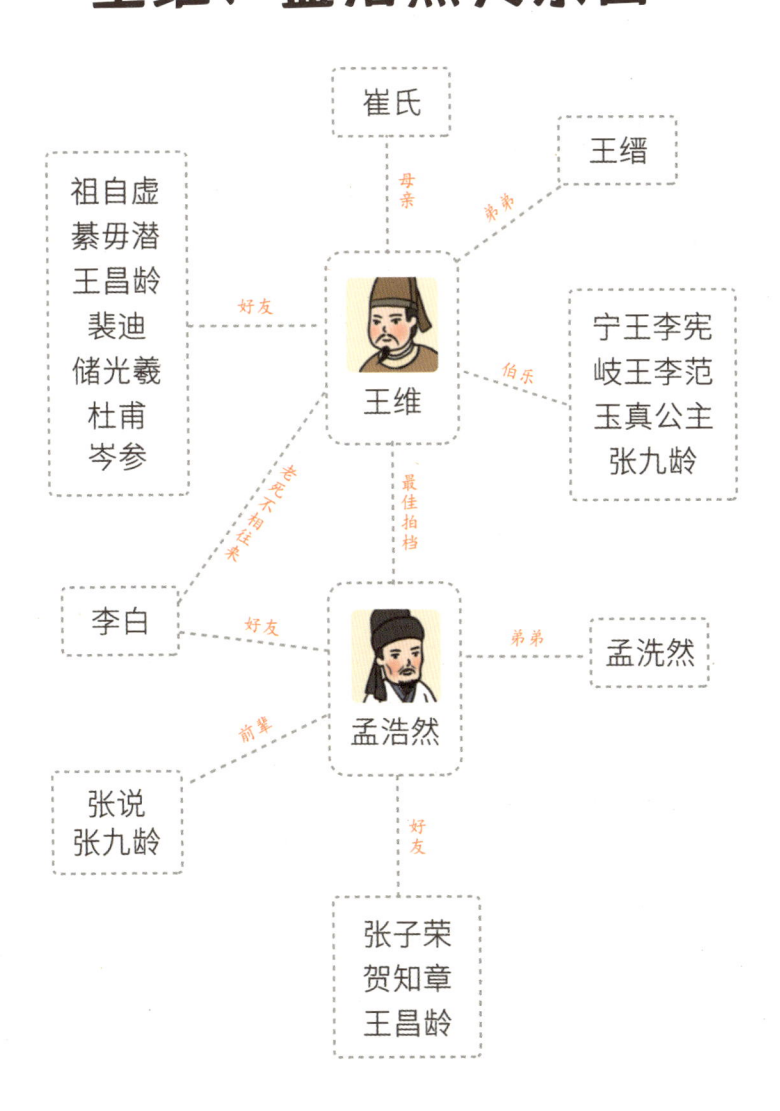

- 崔氏 —(母亲)— 王维
- 王缙 —(弟弟)— 王维
- 祖自虚、綦毋潜、王昌龄、裴迪、储光羲、杜甫、岑参 —(好友)— 王维
- 宁王李宪、岐王李范、玉真公主、张九龄 —(伯乐)— 王维
- 王维 —(最佳拍档)— 孟浩然
- 李白 —(老死不相往来)— 王维
- 李白 —(好友)— 孟浩然
- 孟浩然 —(弟弟)— 孟洗然
- 张说、张九龄 —(前辈)— 孟浩然
- 张子荣、贺知章、王昌龄 —(好友)— 孟浩然

一、孟浩然：从归隐到归隐

在网络上，流传过这样一个统计：在唐朝绵延近300年的历史中，有名有姓的诗人约有2536位。其中仕途坎坷、怀才不遇者大有人在，然而终其一生未曾做过一官半职者，只有一人，那就是孟浩然。

孟浩然的一生，以归隐开始，以归隐告终。

📢 武周长安五年（705年），武则天去世，传位与中宗李显。然而中宗性格懦弱，在帝位仅仅五年，就被人毒害，皇权再度更换。也许是深受儒家"天下有道则见，无道则隐"的熏陶，时年17岁的孟浩然做出了一个大胆的举动——拒绝参加科举考试，并在景云二年（711年），和好友张子容一起隐居鹿门山。

朋友圈

孟浩然
虽然我今年才23，但我早已看透这喧闹的世间。
古人说：天下熙熙，皆为利来，天下攘攘，皆为利往。天天想着名和利的日子有意思吗？我觉得没意思。不如早日归隐山林，看看美景，写写诗。
既然说起写诗，突然想写一首。天色渐晚，作一首《夜归鹿门山歌》：
山寺钟鸣昼已昏，渔梁渡头争渡喧。
人随沙岸向江村，余亦乘舟归鹿门。
鹿门月照开烟树，忽到庞公栖隐处。
岩扉松径长寂寥，惟有幽人夜来去。

襄阳

♡ 孟洗然,张子容

孟洗然：哥，我知道了！你们这个隐居其实就是打着隐居的名义给自己镀金，然后去山里接着读书，等待合适的机会去入仕！是不是这样子？
孟浩然回复孟洗然：赶紧把评论删了！
张子容回复孟浩然：哈哈哈，你弟弟真的是老实人……有一说一，我觉得我差不多该去考个试了。不然老这么窝着也没人认识咱。
孟浩然回复张子容：啥时候走？我送你！

在鹿门山隐居数年后，随着好友张子容进京应考，孟浩然的那颗功名之心又开始蠢蠢欲动。开元五年（717年），孟浩然游洞庭，并在这里写下了此后流传千古的干谒诗——《临洞庭湖赠张丞相》。

朋友圈

孟浩然
作为一个隐士，即便是写给丞相张说大人，也要有自己的风骨。
临洞庭湖赠张丞相
八月湖水平，涵虚混太清。
气蒸云梦泽，波撼岳阳城。
欲济无舟楫，端居耻圣明。
坐观垂钓者，徒有羡鱼情。

洞庭湖

♡ 孟洗然,张说,张子容

张子容：我反复拜读你这首诗，只读出了四个字：我想当官！哈哈哈……
孟浩然回复张子容：别瞎说，我没有。
张说：没有就好，吓我一跳。
孟浩然回复张说：张丞相此话怎讲？
张说回复孟浩然：你要真想当官，能把走后门这事儿发朋友圈说出来吗？
孟浩然回复张说：……
孟浩然回复张说：我等会儿还是删了吧！

📢 孟浩然在干谒张说后不久,张说任荆州大都督府长史,算是住到了孟浩然旁边。但很不幸,这并没有对他的仕途产生多大作用。就这样,一晃好几年过去了,孟浩然认识了一个名叫李白的年轻人。

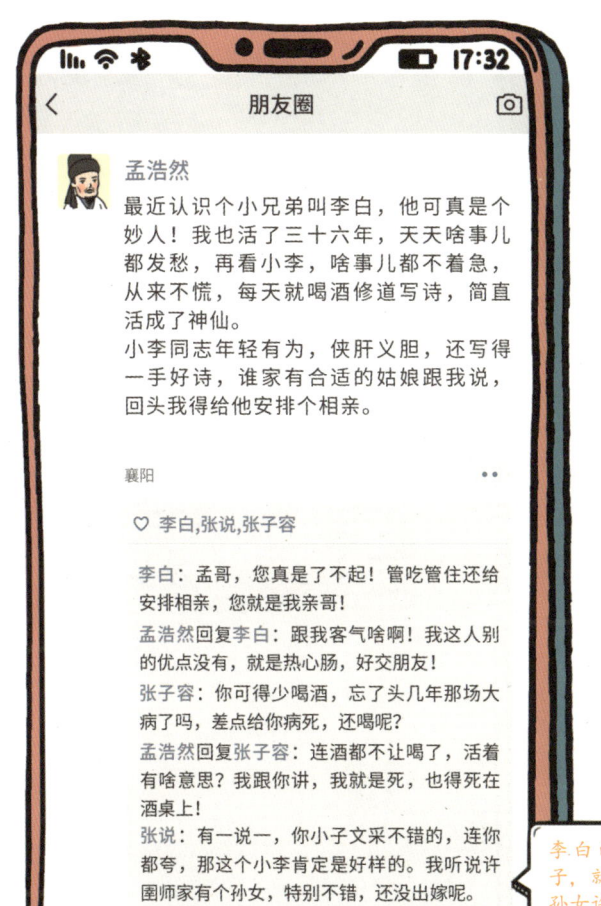

孟浩然

最近认识个小兄弟叫李白,他可真是个妙人!我也活了三十六年,天天啥事儿都发愁,再看小李,啥事儿都不着急,从来不慌,每天就喝酒修道写诗,简直活成了神仙。

小李同志年轻有为,侠肝义胆,还写得一手好诗,谁家有合适的姑娘跟我说,回头我得给他安排个相亲。

襄阳

♡ 李白,张说,张子容

李白:孟哥,您真是了不起!管吃管住还安排相亲,您就是我亲哥!

孟浩然回复李白:跟我客气啥啊!我这人别的优点没有,就是热心肠,好交朋友!

张子容:你可得少喝酒,忘了头几年那场大病了吗,差点给你病死,还喝呢?

孟浩然回复张子容:连酒都不让喝了,活着有啥意思?我跟你讲,我就是死,也得死在酒桌上!

张说:有一说一,你小子文采不错,连你都夸,那这个小李肯定是好样的。我听说许圉师家有个孙女,特别不错,还没出嫁呢。

孟浩然回复张说:回头我给小李兄弟联系联系,肯定给他鼻涕泡乐出来!

> 李白的第一任妻子,就是许圉师的孙女许氏,这桩婚事由孟浩然促成。

📢 认识李白没多久,孟浩然似乎是受了什么刺激,决定去考试。虽然没考上,但他又交到了另一个好朋友——王维。孟浩然一生中有许多好朋友,但王维绝对是其中最重要的一个。

"诗中有画,画中有诗",出自宋朝苏轼《东坡题跋·书摩诘〈蓝田烟雨图〉》:"味摩诘之诗,诗中有画;观摩诘之画,画中有诗。"

孟浩然

我这个人啊,命不好,考试没考上。不过幸好,来趟长安又认识了个好朋友——大才子王维,长安首席红人,流量明星!以前一直听说他就唱歌弹琴厉害,谁曾想到,他画画也好,诗也写得极好,可谓"诗中有画,画中有诗"。看看给我画的这幅画像,没毛病,我给小王双击点赞666!!

长安

♡ 李白,王维,贺知章

王维:老哥客气了,画个画多大点事儿,你满意就好。

孟浩然回复王维:岂止是满意,简直是心花怒放!

李白:画个破画算个啥,我就不信他能比我还厉害。

孟浩然回复李白:回头找机会让你们认识认识。

李白回复孟浩然:最近忙着呢,有空再说吧!

📢 因为得罪了皇上,孟浩然的仕途算是还没开始就走到头了。或许,他压根儿就不想成为一名山水田园诗人,而是想出将入相,光宗耀祖。但很不幸,现在能陪着他度日的,只有山水田园。他就这么晃着,一晃就是十多年。

> 开元二十五年(737年),孟浩然曾短期在张九龄幕府任职。

朋友圈

孟浩然
一晃十多年,眼瞅着我都年过半百了,啥都没干成,真是惭愧。最近王昌龄来看我,我却长了毒疮不能吃海鲜,不能喝酒,我太难了我!
不能陪他喝,就送一首《送王昌龄之岭南》吧:
洞庭去远近,枫叶早惊秋。
岘首羊公爱,长沙贾谊愁。
土毛无缟纻,乡味有槎头。
已抱沉痼疾,更贻魑魅忧。
数年同笔砚,兹夕间衾裯,
意气今何在,相思望斗牛。

襄阳

♡ 张九龄,王维,李白,王昌龄

张九龄:你也不是啥都没干成啊,不是在我这儿上了一阵子班吗?
孟浩然回复张九龄:上是上了,不是干得不好又回家种地了吗……
王维:孟哥一定得注意身体,别喝了。
孟浩然回复王维:我争取。
李白:真不喝啦?
孟浩然回复李白:我……我还真不敢保证😂
王昌龄:诗写得倒是好,但你的病啥时候能好啊?回头我还找你喝酒去!
孟浩然回复王昌龄:你啥时候来我啥时候病好,绝对不耽误喝酒!

📢 开元二十八年（740年），王昌龄遭贬，路过襄阳，与孟浩然会面，二人相谈甚欢。然而孟浩然毒疮未愈，二人喝了不少酒，吃了不少海鲜，结果孟浩然毒疮恶化，不幸离世，享年51岁。

盛世大唐
25分钟前

#著名诗人孟浩然去世# 大唐开元二十八年，著名诗人孟浩然因病离世。
春眠不觉晓，处处闻啼鸟。
夜来风雨声，花落知多少。
——《春晓》
想要告诉他，只要他那些诗还在，对我们来说就足够了。

转发 1076　　评论 1.8万　　点赞 22.1万

王昌龄
万万没想到啊，这次路过襄阳来找老孟喝酒，竟然是见他的最后一面。😭

王维
一首《哭孟浩然》送给吾兄浩然，但愿他在那一方世界里能活得开心些！
故人不可见，汉水日东流。
借问襄阳老，江山空蔡州。

李白
孟哥怎么这么狠心……我还和他约好了找时间大喝一场！唉，突然想起一首曾经送给他的诗，叫作《赠孟浩然》：
吾爱孟夫子，风流天下闻。
红颜弃轩冕，白首卧松云。
醉月频中圣，迷花不事君。
高山安可仰，徒此揖清芬。

二、王维：从做官到归隐

相比前辈孟浩然一生布衣，王维的仕途之路要顺畅得多。一个好出身，一副好皮囊，一身好才华。在最繁华的盛唐时代，顶流的诗人，不是狂傲不羁的李白，不是落魄潦倒的杜甫，而是那个"妙龄洁白，风姿郁美"，在21岁考中状元并且终身富贵平安的王维。

也许唯有经历繁华，才能看淡繁华。晚年的王维，再无意于仕途荣辱，他真正地把自己活成了"诗佛"，行到水穷处，坐看云起时。

76 笑死了！刷了1400年的大唐诗人朋友圈

📢 武周长安元年（701年），汾州司马王处廉之妻崔氏在河东蒲州（今山西省永济市）诞下一子名王维。当时的老王或许根本无法预料到，他儿子将来在诗文上会有多大的成就。

> 王处廉后来又生了三个儿子，其中二儿子王缙官至宰相。

> 维摩诘，早期佛教著名居士、在家菩萨，梵文 Vimalakīrti 的音译名，意译为净名、无垢尘，意思是以洁净、没有染污而著称的人。

王处廉
今日甚是欣喜，我王处廉终于有儿子了！我希望，我的孩子将来能够成为一个有文化的人，没事和朋友们写写诗、唱唱歌，最好再混个一官半职的，这就算不辱没门楣了。
我以后还得多生几个儿子，万一生个宰相出来，那岂不是美滋滋！

山西蒲州

♡ 崔氏，大照禅师

崔氏：怀孩子之前，我曾梦到维摩诘走进咱家，我觉得这是个好兆头。
王处廉回复崔氏：那就给"维摩诘"起进孩子名字吧！他就叫王维，字摩诘，怎么样？
崔氏回复王处廉：甚妙啊！
大照禅师：我看这孩子有慧根，根骨清奇，将来必定也是一代豪杰。

📢 孟浩然年纪轻轻就隐居了,可王维没有,15岁时他就开始从事干谒活动,和弟弟离家游历长安。路过长安郊外骊山脚下的始皇墓时,他不禁对历史兴衰更替感慨起来,然后作了一首诗,也是我们现在能找到的王维的第一首诗。

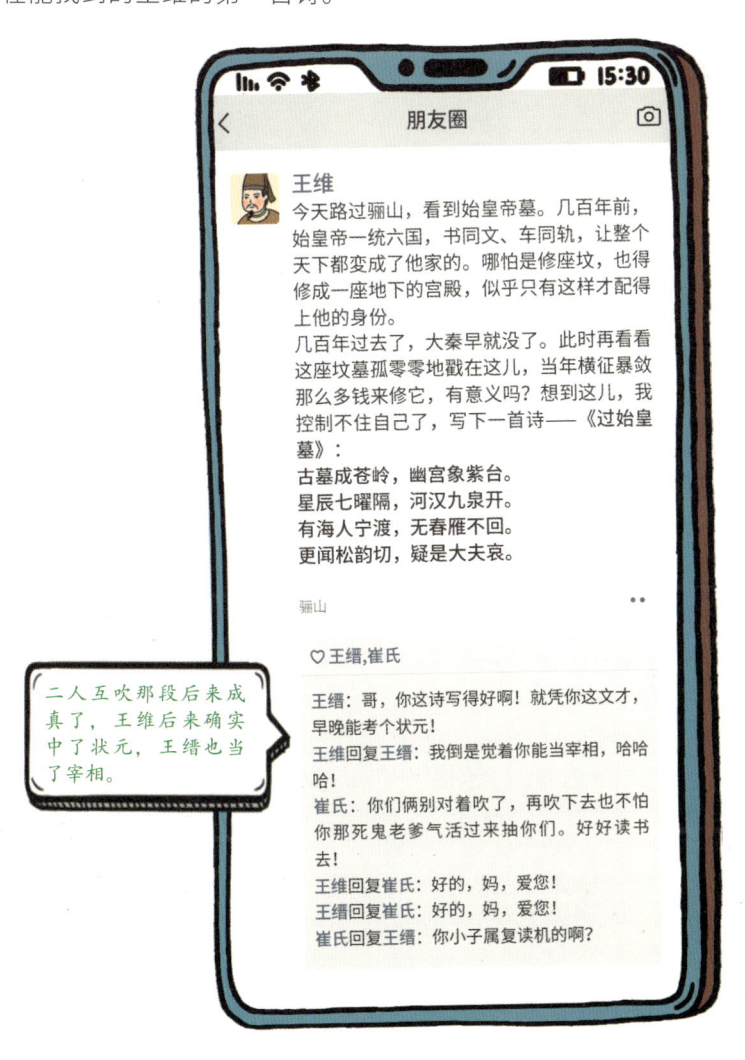

王维

今天路过骊山,看到始皇帝墓。几百年前,始皇帝一统六国,书同文、车同轨,让整个天下都变成了他家的。哪怕是修坟坟,也得修成一座地下的宫殿,似乎只有这样才配得上他的身份。

几百年过去了,大秦早就没了。此时再看看这座坟墓孤零零地戳在这儿,当年横征暴敛那么多钱来修它,有意义吗?想到这儿,我控制不住自己了,写下一首诗——《过始皇墓》:

古墓成苍岭,幽宫象紫台。
星辰七曜隔,河汉九泉开。
有海人宁渡,无春雁不回。
更闻松韵切,疑是大夫哀。

骊山

♡ 王缙,崔氏

王缙:哥,你这诗写得好啊!就凭你这文才,早晚能考个状元!
王维回复王缙:我倒是觉着你能当宰相,哈哈哈!
崔氏:你们俩别对着吹了,再吹下去也不怕你那死鬼老爹气活过来抽你们。好好读书去!
王维回复崔氏:好的,妈,爱您!
王缙回复崔氏:好的,妈,爱您!
崔氏回复王缙:你小子属复读机的啊?

> 二人互吹那段后来成真了,王维后来确实中了状元,王缙也当了宰相。

📣 转眼间,两年过去了,王维在长安混得风生水起。在这一年的重阳节,王维想起了两年前和他一起来长安的弟弟。他弟弟回了山西老家,而他还在长安漂着。一时之间,情绪翻涌,他写下了《九月九日忆山东兄弟》。

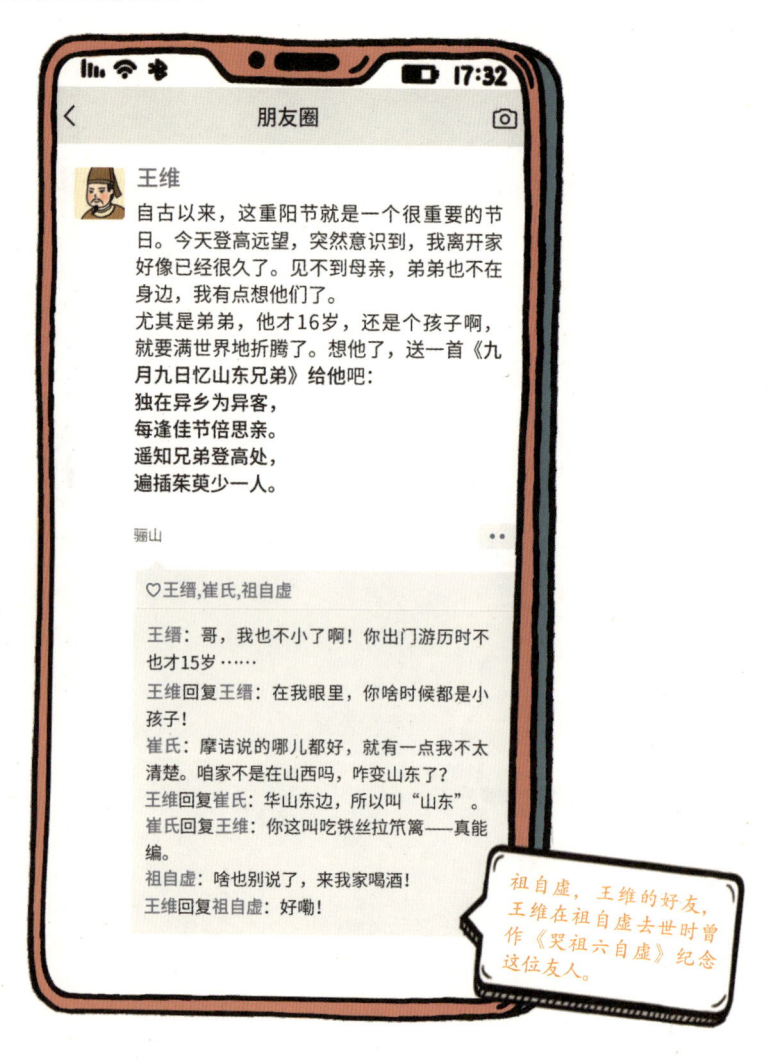

王维

自古以来,这重阳节就是一个很重要的节日。今天登高远望,突然意识到,我离开家好像已经很久了。见不到母亲,弟弟也不在身边,我有点想他们了。

尤其是弟弟,他才16岁,还是个孩子啊,就要满世界地折腾了。想他了,送一首《九月九日忆山东兄弟》给他吧:

独在异乡为异客,
每逢佳节倍思亲。
遥知兄弟登高处,
遍插茱萸少一人。

骊山

♡王缙,崔氏,祖自虚

王缙:哥,我也不小了啊!你出门游历时不也才15岁……
王维回复王缙:在我眼里,你啥时候都是小孩子!
崔氏:摩诘说的哪儿都好,就有一点我不太清楚。咱家不是在山西吗,咋变山东了?
王维回复崔氏:华山东边,所以叫"山东"。
崔氏回复王维:你这叫吃铁丝拉笊篱——真能编。
祖自虚:啥也别说了,来我家喝酒!
王维回复祖自虚:好嘞!

> 祖自虚,王维的好友,王维在祖自虚去世时曾作《哭祖六自虚》纪念这位友人。

王维、孟浩然：不如归去，做个闲人

📢 唐玄宗开元九年（721年）春天，时年21岁的王维一举擢进士第，中状元，整个京城都为之轰动了。

大唐热搜榜

不	剑南节度使 守护最好的大唐	
1	才子王维轻松考中状元	热
2	狂生李白怒斥李邕	热
3	《长安周刊》爆王维中状元有黑幕	新
4	玉真公主 王维	热
5	王维演奏《郁轮袍》刷屏	
6	杜审言之孙杜甫七岁咏凤凰	
7	当朝陛下遭宁王当面diss	热
8	张九龄称状元本该为其弟张九皋	

> 王维考中状元，相传为玉真公主在其中运作。本来内定了张九皋，但看了王维的演奏、画和诗作之后，玉真公主改变了主意。而且，王维比张九皋更帅一些。

> 李白出身商人家庭，唐朝有明文规定，商人不得参与科举。

📢 王维"命不好",中了状元,进太常寺当了官,本来算是很有面子的事情,而且这工作又比较轻闲,完全可以悠闲到老。可就在这种情况下,他依旧出事儿了——底下人舞狮子犯了忌讳,遭百姓举报,王维被贬济州。

> **綦毋潜**

> 摩诘老弟,鄙人已安全到家,感谢之前送行!

> 孝通兄这是哪里的话,运气不好落第了,作为朋友,自然要多帮你排解忧愁。

> 啥运气不运气的,还是水平不行罢了。摩诘老弟,你水平就高,一下子就中状元了,还当了官,前途无量啊!

> 无量个锤子啊,我被贬了……

> 啊?被贬?你先等会儿吧!你才去太常寺报到几天啊就被贬了?太快了吧?

> 唉……业务不熟练,好多忌讳不知道。手底下人舞狮子,舞了个黄色的,被百姓举报,就被贬济州了。

> 我现在已经在被贬的路上,都到郑州了。

綦毋潜,字孝通,唐代诗人,与王维、张九龄、孟浩然、高适、储光羲等人皆为好友。诗作风格类似王维,多记述士大夫巡幽访隐的情趣。

綦毋潜

> 那你还真是惨……现在我心里突然平衡一些了,哈哈哈!

孝通兄快别说风凉话了,来看看我新写的这首诗怎么样。

> 宿郑州
> 朝与周人辞,暮投郑人宿。
> 他乡绝俦侣,孤客亲僮仆。
> 宛洛望不见,秋霖晦平陆。
> 田父草际归,村童雨中牧。
> 主人东皋上,时稼绕茅屋。
> 虫思机杼悲,雀喧禾黍熟。
> 明当渡京水,昨晚犹金谷。
> 此去欲何言,穷边徇微禄。

好!真好!这首诗画面感真的足,就感觉自己看的不是诗,而是画一样。

> 嘿嘿,你别忘了,我可是个画家呢,我有自己的路数。

回头我也学学画画去,你这个风格还挺有意思!诗中有画,画中有诗,带劲!

> 济州五年任间,王维曾同济州贤隐、僧道多有交往。

📢 孟浩然认识王维之后,两人关系一天比一天铁,不说"托妻献子",起码也算是两肋插刀的交情。所以俩人天天腻在一块儿,喝酒唱歌,写诗作文,其乐融融。直到有一天,唐玄宗临时起意,突然去了趟王维家……

孟浩然
今儿在王维家喝酒见到皇帝了!吾皇让我作诗一首,看来终于有机会入仕了。只是我不明白,为什么我作完诗之后,他好像不太开心的样子。

长安

♡ 贺知章,王维,李白

贺知章:你写的啥诗啊?
孟浩然回复贺知章:我写了一首《岁暮归南山》,您给看看:
北阙休上书,南山归敝庐。
不才明主弃,多病故人疏。
白发催年老,青阳逼岁除。
永怀愁不寐,松月夜窗虚。
贺知章回复孟浩然:搁我估计直接一金龟给你小子拍死了……
王维:你还乐呢?"不才明主弃,多病故人疏",你看这是人话吗?
孟浩然回复王维:啊?这句诗咋了?
皇帝李隆基回复孟浩然:咋了?你自己不积极求仕,哪儿是我"弃"你了?给朕泼脏水,你好大的能耐!以后你别来找,来了朕也不要你!不拉黑你是不行了!
李白:孟哥,做啥官啊,不做了,回家吃吃喝喝不好吗?
孟浩然回复李白:快闭嘴吧你!

> 这段故事有好几个说法,有说发生在王维家的,有说发生在张说家的,也有说发生在张九龄家的,此处我们选取了《新唐书·孟浩然传》中所记载的在王维家的说法。

📢 开元十七年（729年），心灰意冷的孟浩然准备回襄阳了。行前，他有诗赠王维，王维亦有《送孟六归襄阳》诗送之。

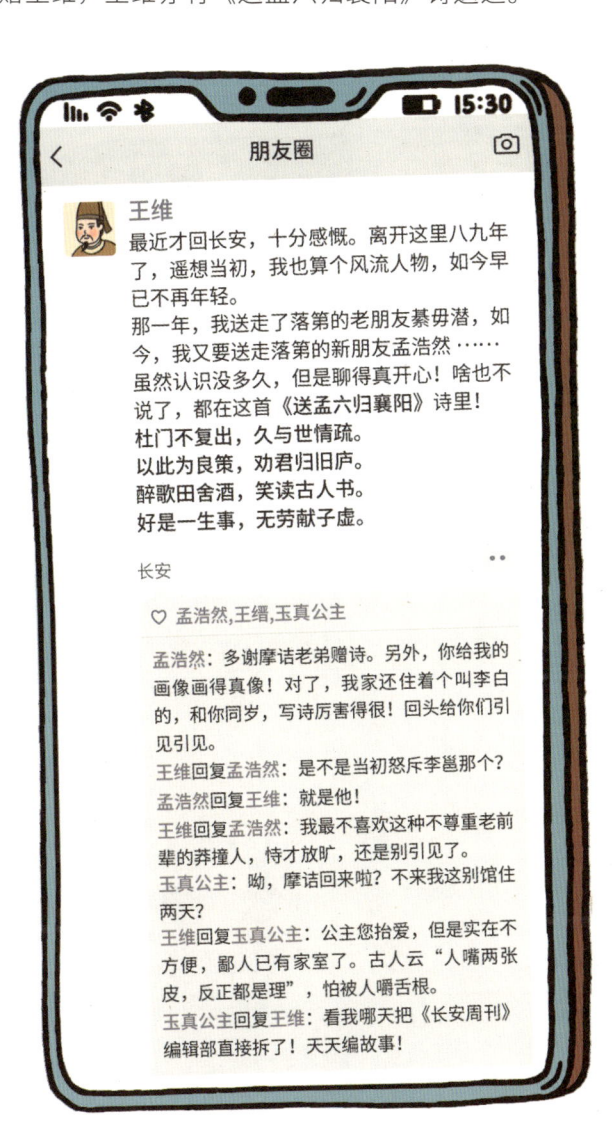

王维

最近才回长安，十分感慨。离开这里八九年了，遥想当初，我也算个风流人物，如今早已不再年轻。

那一年，我送走了落第的老朋友綦毋潜，如今，我又要送走落第的新朋友孟浩然……虽然认识没多久，但是聊得真开心！啥也不说了，都在这首《送孟六归襄阳》诗里！

杜门不复出，久与世情疏。
以此为良策，劝君归旧庐。
醉歌田舍酒，笑读古人书。
好是一生事，无劳献子虚。

长安

♡ 孟浩然,王缙,玉真公主

孟浩然：多谢摩诘老弟赠诗。另外，你给我的画像画得真像！对了，我家还住着个叫李白的，和你同岁，写诗厉害得很！回头给你们引见引见。

王维回复孟浩然：是不是当初怒斥李邕那个？

孟浩然回复王维：就是他！

王维回复孟浩然：我最不喜欢这种不尊重老前辈的莽撞人，恃才放旷，还是别引见了。

玉真公主：呦，摩诘回来啦？不来我这别馆住两天？

王维回复玉真公主：公主您抬爱，但是实在不方便，鄙人已有家室了。古人云"人嘴两张皮，反正都是理"，怕被人嚼舌根。

玉真公主回复王维：看我哪天把《长安周刊》编辑部直接拆了！天天编故事！

📢 王维在右拾遗的位置上干了两年,适逢张九龄因政治斗争遭贬荆州,王维深感沮丧。当年夏天,王维便以监察御史的身份出使河西,到了战场上。没有人知道,他这样一个佛系诗人,为什么要跑去边疆,或许,他是真的厌倦了官场的是是非非。

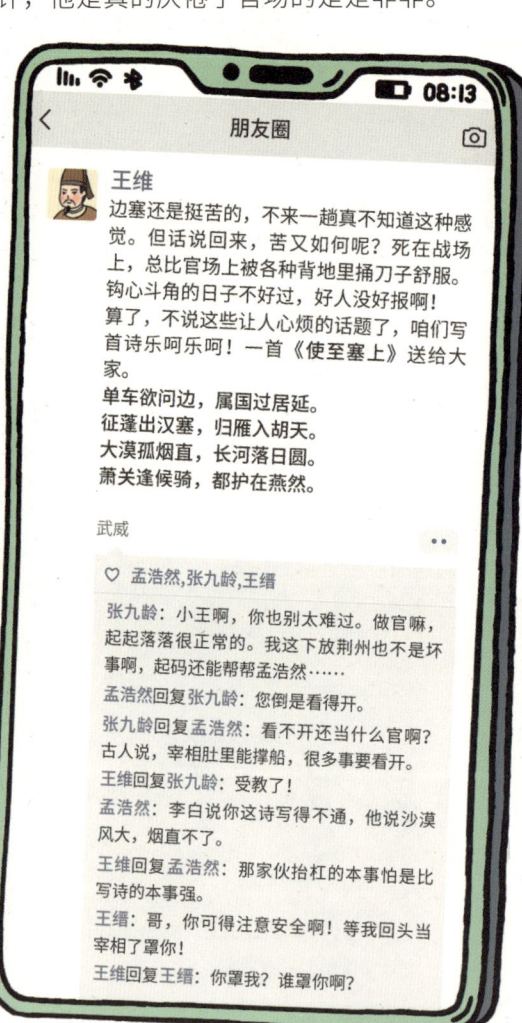

朋友圈

王维
边塞还是挺苦的,不来一趟真不知道这种感觉。但话说回来,苦又如何呢?死在战场上,总比官场上被各种背地里捅刀子舒服。钩心斗角的日子不好过,好人没好报啊!
算了,不说这些让人心烦的话题了,咱们写首诗乐呵乐呵!一首《使至塞上》送给大家。

单车欲问边,属国过居延。
征蓬出汉塞,归雁入胡天。
大漠孤烟直,长河落日圆。
萧关逢候骑,都护在燕然。

武威

♡ 孟浩然,张九龄,王缙

张九龄:小王啊,你也别太难过。做官嘛,起起落落很正常的。我这下放荆州也不是坏事啊,起码还能帮帮孟浩然……
孟浩然回复张九龄:您倒是看得开。
张九龄回复孟浩然:看不开还当什么官啊?古人说,宰相肚里能撑船,很多事要看开。
王维回复张九龄:受教了!
孟浩然:李白说你这诗写得不通,他说沙漠风大,烟直不了。
王维回复孟浩然:那家伙抬杠的本事怕是比写诗的本事强。
王缙:哥,你可得注意安全啊!等我回头当宰相了罩你!
王维回复王缙:你罩我?谁罩你啊?

📢 王维最终还是回长安了,不是述职,不是调任,而是辞官。如果说王维此前是一个不太纯粹的山水田园诗人,那么从此时开始,他已经转型成一名名副其实的山水田园诗人了。

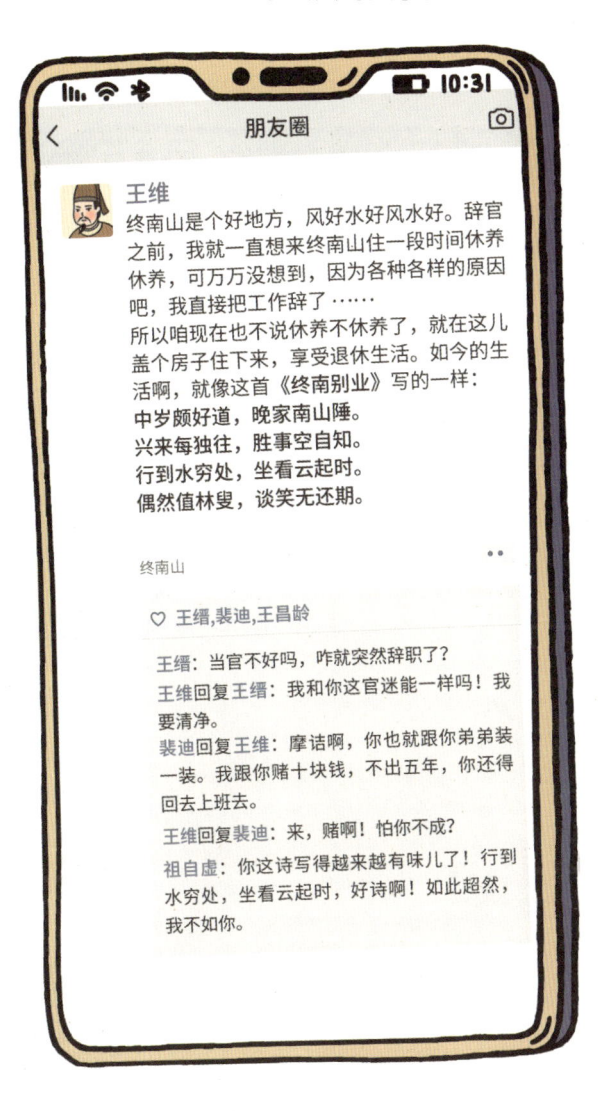

朋友圈

王维
终南山是个好地方,风好水好风水好。辞官之前,我就一直想来终南山住一段时间休养休养,可万万没想到,因为各种各样的原因吧,我直接把工作辞了……
所以咱现在也不说休养不休养了,就在这儿盖个房子住下来,享受退休生活。如今的生活啊,就像这首《终南别业》写的一样:
中岁颇好道,晚家南山陲。
兴来每独往,胜事空自知。
行到水穷处,坐看云起时。
偶然值林叟,谈笑无还期。

终南山

❤ 王缙,裴迪,王昌龄

王缙:当官不好吗,咋就突然辞职了?
王维回复王缙:我和你这官迷能一样吗!我要清净。
裴迪回复王缙:摩诘啊,你也就跟你弟弟装一装。我跟你赌十块钱,不出五年,你还得回去上班去。
王维回复裴迪:来,赌啊!怕你不成?
祖自虚:你这诗写得越来越有味儿了!行到水穷处,坐看云起时,好诗啊!如此超然,我不如你。

📢 王维就这样平平淡淡地过着他的小日子，一晃就是十来年。虽然朝内被李林甫闹得一塌糊涂，外面还有安禄山扯旗造反，但对于王维这种政坛上的"小人物"来说，似乎影响不大。直到他56岁那一年，安禄山攻破潼关，一路杀入长安城，唐玄宗逃亡四川，一切都变了，王维、裴迪、储光羲、杜甫等人都被抓了起来。

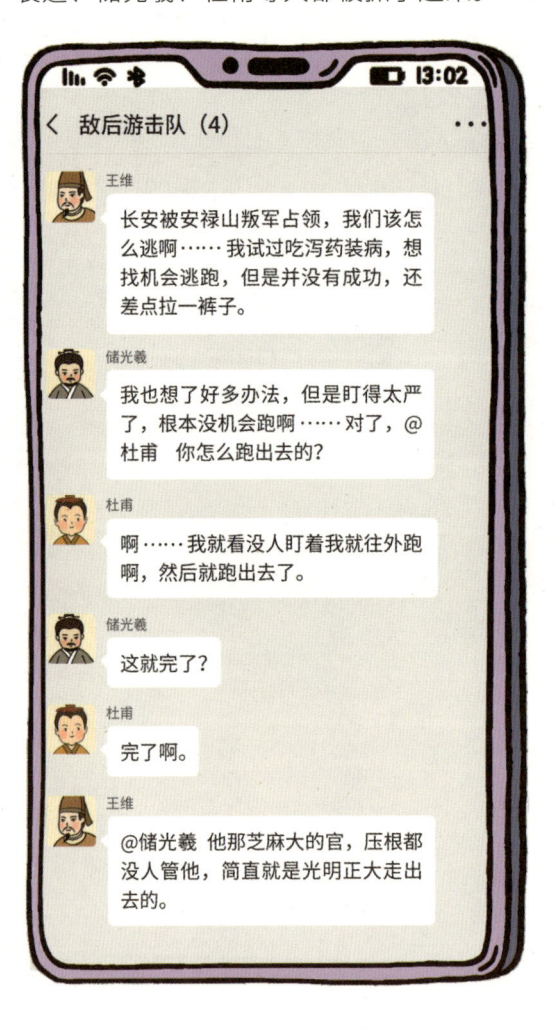

敌后游击队（4）

王维：长安被安禄山叛军占领，我们该怎么逃啊……我试过吃泻药装病，想找机会逃跑，但是并没有成功，还差点拉一裤子。

储光羲：我也想了好多办法，但是盯得太严了，根本没机会跑啊……对了，@杜甫 你怎么跑出去的？

杜甫：啊……我就看没人盯着我就往外跑啊，然后就跑出去了。

储光羲：这就完了？

杜甫：完了啊。

王维：@储光羲 他那芝麻大的官，压根都没人管他，简直就是光明正大走出去的。

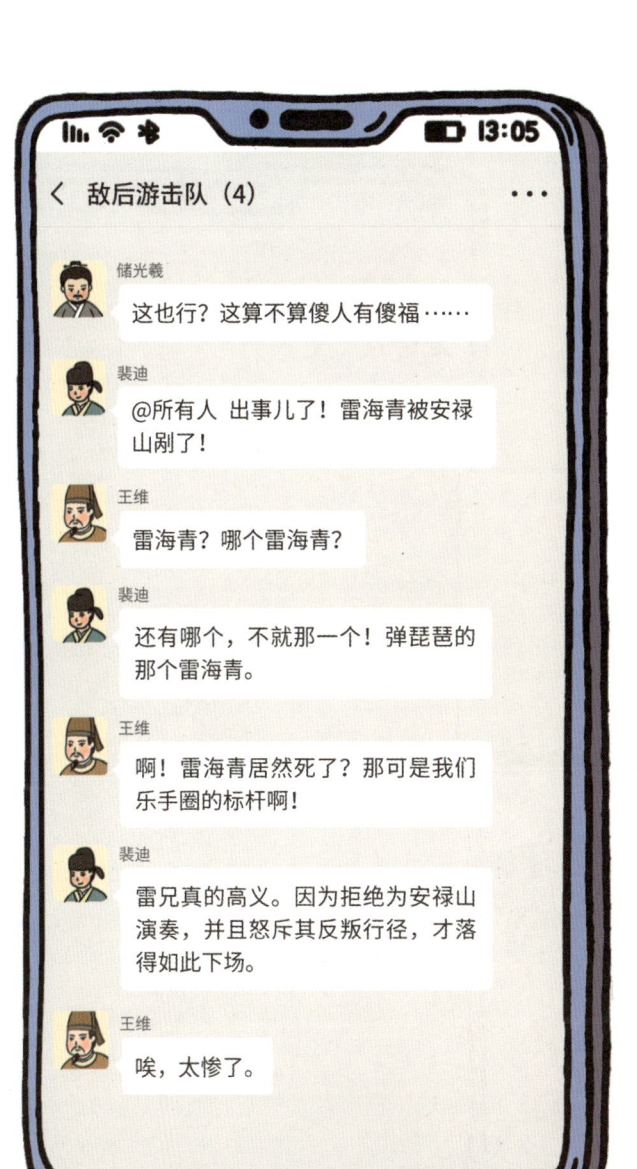

王维、孟浩然：不如归去，做个闲人 87

敌后游击队（4）

储光羲
这也行？这算不算傻人有傻福……

裴迪
@所有人 出事儿了！雷海青被安禄山剐了！

王维
雷海青？哪个雷海青？

裴迪
还有哪个，不就那一个！弹琵琶的那个雷海青。

王维
啊！雷海青居然死了？那可是我们乐手圈的标杆啊！

裴迪
雷兄真的高义。因为拒绝为安禄山演奏，并且怒斥其反叛行径，才落得如此下场。

王维
唉，太惨了。

敌后游击队（4）

王维：作首诗纪念他一下吧，直接就叫《菩提寺禁裴迪来相看说逆贼等凝碧池上作音乐供奉人等举声便一时泪下私成口号诵示裴迪》吧，没心情，不给诗起名字了。
万户伤心生野烟，
百僚何日更朝天。
秋槐叶落空宫里，
凝碧池头奏管弦。

杜甫：唉，百僚何日更朝天啊……希望一切能够尽快好起来。

> 公元757年，王维被迫在安禄山伪政府干了一年之后，郭子仪来了，收复了长安。王维和储光羲等人一下子成了通敌卖国的奸臣，幸而王维留下了这首诗，加上裴迪做证和弟弟王缙自愿降职赎罪奉保，王维才逃过一劫。

📣 长安收复后,王维洗清冤屈,生活总算安定了下来。这次他没搞什么辞官隐居,岁数大了,折腾不动了,就踏踏实实混日子,闲来无事在家念念佛,呼朋引伴,一切平静又美好。

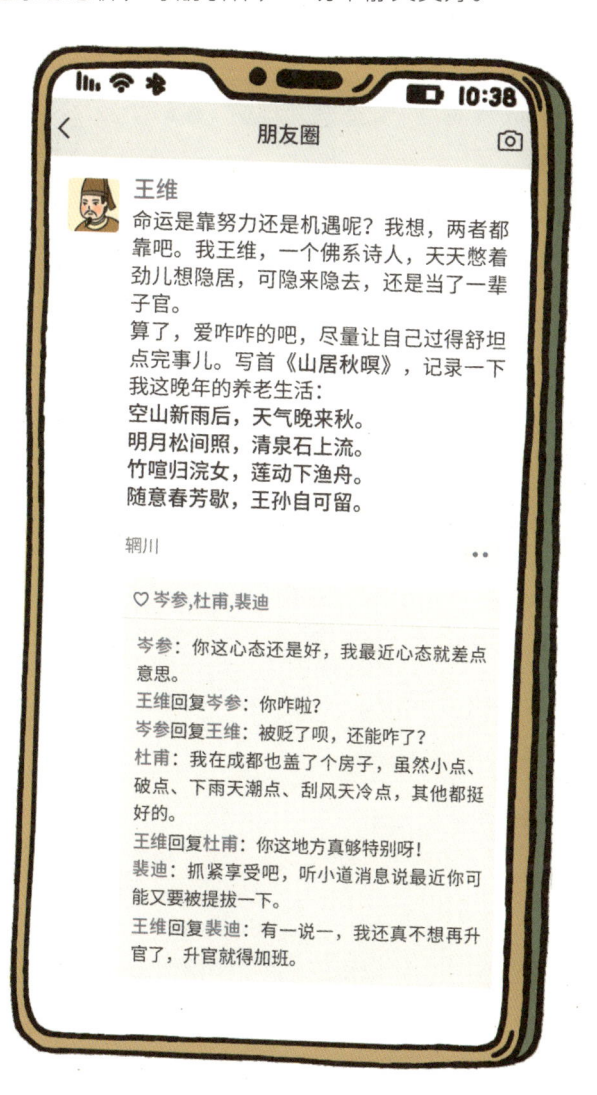

> **王维**
>
> 命运是靠努力还是机遇呢?我想,两者都靠吧。我王维,一个佛系诗人,天天憋着劲儿想隐居,可隐来隐去,还是当了一辈子官。
>
> 算了,爱咋咋的吧,尽量让自己过得舒坦点完事儿。写首《山居秋暝》,记录一下我这晚年的养老生活:
>
> 空山新雨后,天气晚来秋。
> 明月松间照,清泉石上流。
> 竹喧归浣女,莲动下渔舟。
> 随意春芳歇,王孙自可留。
>
> 辋川
>
> ♡ 岑参,杜甫,裴迪
>
> 岑参:你这心态还是好,我最近心态就差点意思。
> 王维回复岑参:你咋啦?
> 岑参回复王维:被贬了呗,还能咋了?
> 杜甫:我在成都也盖了个房子,虽然小点、破点、下雨天潮点、刮风天冷点,其他都挺好的。
> 王维回复杜甫:你这地方真够特别呀!
> 裴迪:抓紧享受吧,听小道消息说最近你可能又要被提拔一下。
> 王维回复裴迪:有一说一,我还真不想再升官了,升官就得加班。

📢 王维终究还是离开辋川，调回长安，官至尚书右丞。上元二年（761年）春天，61岁的王维似乎已经感觉到自己时日无多。想着在蜀地工作无法调回来的弟弟王缙，他上了一封《责躬荐弟表》，希望用自己的官职来换取弟弟回长安。

王缙

> 在蜀地怎么样啊？

> 哥，你不用担心，我这蜀州刺史舒坦着呢！天天好吃好喝大火锅，比你滋润多啦！

> 不想回长安吗？

> 回长安干吗啊？是火锅不好吃还是咋的？不回不回，就在这儿，挺好！您别操那么多心啦！

> 别说了，我都知道。试问谁不想回长安呢，尤其你小子这种官迷。我知道你不说是怕我为你担心，但咱俩六十年的亲兄弟了，我还不知道你吗？

> 哥……

> 我估计也活不几天了，不过我瞅着你身体还不错，再活个二十年问题不大。我把官辞了，换你回长安。

王维、孟浩然：不如归去，做个闲人 91

王缙

哥，你别这样啊！不能辞啊！我早晚也能回去的，你得信我的能力啊！

我当然信你有能力，不过你现在也回不来啊。哥想你了，想等你回来看看你。

我又不是不能回去探亲……

别说了，这事儿上头都批下来了，你啊，改变不了。

结语

　　唐肃宗批下了王维的请求，王缙可以回长安了，任左散骑常侍。

　　当年七月，王维逝世。最遗憾的是，当时王缙还在凤翔，并没能赶回来见哥哥最后一面。

　　临死前的王维非常淡然，给他弟弟和其他亲朋好友写了很多书信。没有波澜壮阔的人生回忆，也没有慷慨激昂的励志演讲，他只是淡淡的告诉人们，以后要学好，要静心，最好能和他一样，去信佛。

　　王维写完最后一笔，安然离世，葬于辋川别业。弟弟王缙没有辜负他的一番好意，在回到长安三年后，官封宰相，更是极为少见的连任十三年，在中国历史上留下了非常光辉的一笔。

　　曾经，他和年少的弟弟一起离开家门，远赴长安。

　　曾经，他和弟弟开玩笑，弟弟说他能中状元，他说弟弟能当宰相，最终，兄弟俩都做到了。

　　曾经，他和名动天下的玉真公主在都市传说中闹了一段绯闻。

　　曾经，他还年轻，但妻子提前去了，他终身未续娶。

　　曾经，他被迫在安禄山叛军中任伪职，但心里想的是大唐的复兴。

　　曾经，他为了弟弟的前途，自愿辞官归隐，放下一切名利……

　　在唐朝浩如烟海的诗人里，人生经历像王维这么精彩的，不多；能把诗写成像王维那么好的，也不多；能像王维一样书法、绘画、作诗、音乐、篆刻等全方面都当世一流的，大概只有他一个。

第四章

李白：我不是"大V"

余光中有一首诗，叫《寻李白》，其中有这样几句：

酒入豪肠，七分酿成了月光
余下的三分啸成剑气
绣口一吐，就半个盛唐

李白，中国文学史上最伟大的诗人之一，杜甫的偶像，贺知章口中的"谪仙人"，后世人眼中的"大唐诗坛一哥"。然而，你要是以为他生前就是超级"大V"，那你就错了。他虽有远大抱负和绝世才华，但他终其一生过得并不顺利，甚至于连当时官方编选的诗集都不收录他的作品。倘若那个年代有微信，你会知道，这位被后世誉为"诗仙"的天才，朋友圈里的生活并没有那么风光。

李白关系图

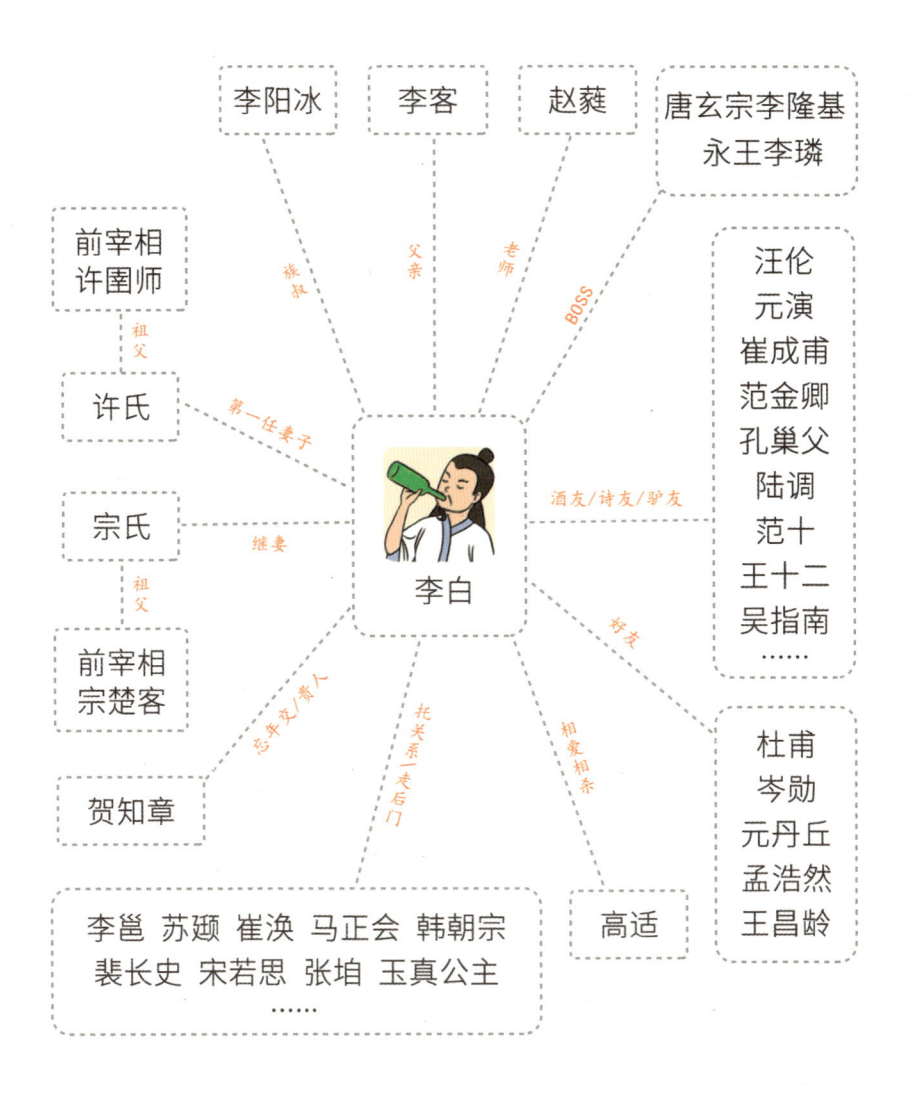

- 李阳冰 —— 族叔
- 李客 —— 父亲
- 赵蕤 —— 老师
- 唐玄宗李隆基 / 永王李璘 —— BOSS
- 前宰相许圉师 —— 祖父 —— 许氏 —— 第一任妻子
- 宗氏 —— 继妻
- 前宰相宗楚客 —— 祖父
- 贺知章 —— 忘年交/恩人
- 李邕 苏颋 崔涣 马正会 韩朝宗 裴长史 宋若思 张垍 玉真公主 …… —— 托关系走后门
- 高适 —— 相爱相杀
- 杜甫 岑勋 元丹丘 孟浩然 王昌龄 —— 好友
- 汪伦 元演 崔成甫 范金卿 孔巢父 陆调 范十 王十二 吴指南 …… —— 酒友/诗友/驴友

李白

一、年少任侠，仗剑去国

公元701年三月，大雪。与杜甫的爷爷杜审言等人合称初唐"文章四友"的宰相苏味道，认为三月大雪是祥瑞之兆，便率百官入宫，向武则天朝贺。

这年十月二十二，武则天大赦天下，改元"长安"，意为"长治久安"。

此时正处于武周后期，虽然武则天淫暴无度，朝政昏暗，但这段时间的文学艺术在蓬勃发展。此时的人们看着越发衰老的武则天，心里也不免产生对未来的一些期望。毕竟，人老了总是要死的嘛。

苏味道所说的祥瑞存在与否没人知道，就像没人知道在遥远的"安西四镇"之一的碎叶城，在这一年，降生一位将要影响后世的大诗人一样。

这位诗人，就是李白。

公元705年，也就是武则天去世那年，五岁的李白随父母经过长途跋涉，从西域碎叶城搬到了绵州（今四川江油）。至于老李为啥要选择这个地方落脚，谁也不清楚。我们只知道，面对这个外来家庭，乡民充满好奇。

> **相亲相爱一家人（3）**
>
> **李白：** 老爹老娘，今天隔壁二狗他娘问我祖上是哪里的，做什么营生
>
> **李客：** 不是跟你说过吗，我们远祖是秦朝名将李信，先祖是西汉飞将军李广，老家是陇西……
>
> **李白：** 我们老家不是在西域碎叶吗？
>
> **李客：** 那是因为我们祖先在隋朝末年被人陷害，流放到了碎叶……反正你就说是名将之后，父亲经商！
>
> **我的儿子叫李白：** 别听你爹瞎扯，你呀，是太白金星转世。有一天，我梦到太白金星从天而降到了我肚子里，然后我怀上了你！
>
> **李白：** 真的假的，我还是个神仙？！
>
> **李客：** 咳！没错，儿子，不然你为啥名白、字太白？你以为你长得白呀？
>
> **李白：** 哈哈哈，我真的是神仙耶，开心！

碎叶，今吉尔吉斯斯坦境内，当时属唐王朝安西都护府辖区。

李阳冰《草堂集序》："惊姜之夕，长庚入梦。故生而名白，以太白字之。"

📢 定居绵州后,父亲继续经商,李白则"五岁诵六甲,十岁观百家"。15岁那年,他来到匡山,开始了隐居求学生涯,并开始写诗作赋,还迷上了道教,到长平山向著名隐士赵蕤学习剑术、道术和纵横术。

朋友圈 15:30

李白

这几年一直待在山里,读书练剑之余学会了驯鸟,一不小心成了远近闻名的驯鸟大师,结果被太守知道了。他见我是可造之材,要推荐我去参加会试。考试是不可能的,我这辈子是不可能去考试的,多谢他好意了。

[图:考试?不去!]

匡山

♡ 李客,我的儿子叫李白,二狗,赵蕤

二狗:白哥牛!不过你学问那么好为啥不考试啊,当官不好吗?
李白回复二狗:跟你说不清楚!
我的儿子叫李白:都怪你爹,害你不能参加科举!
李客回复我的儿子叫李白:不经商,你娘俩吃土啊?
李白回复我的儿子叫李白:娘,您放心,不参加科举也可以当官,我可以找人推荐。以我的才华,肯定是要直接到朝廷当大官的。
我的儿子叫李白回复李白:那就好那就好!
肖太守:你小子原来这个心思,也罢,我这里庙太小。
李白回复肖太守:🙂

> 中国古代重农抑商,隋唐时期科举制度规定,商人子弟不得参加科举考试。

📢 古人除了读万卷书,还要走万里路,尤其是唐代,漫游之风盛行。20岁那年,李白决定下山游历,顺便结交一下权贵。他先后到了益州(成都)、渝州(重庆),谒见了益州长史苏颋(tǐng)和渝州刺史李邕。

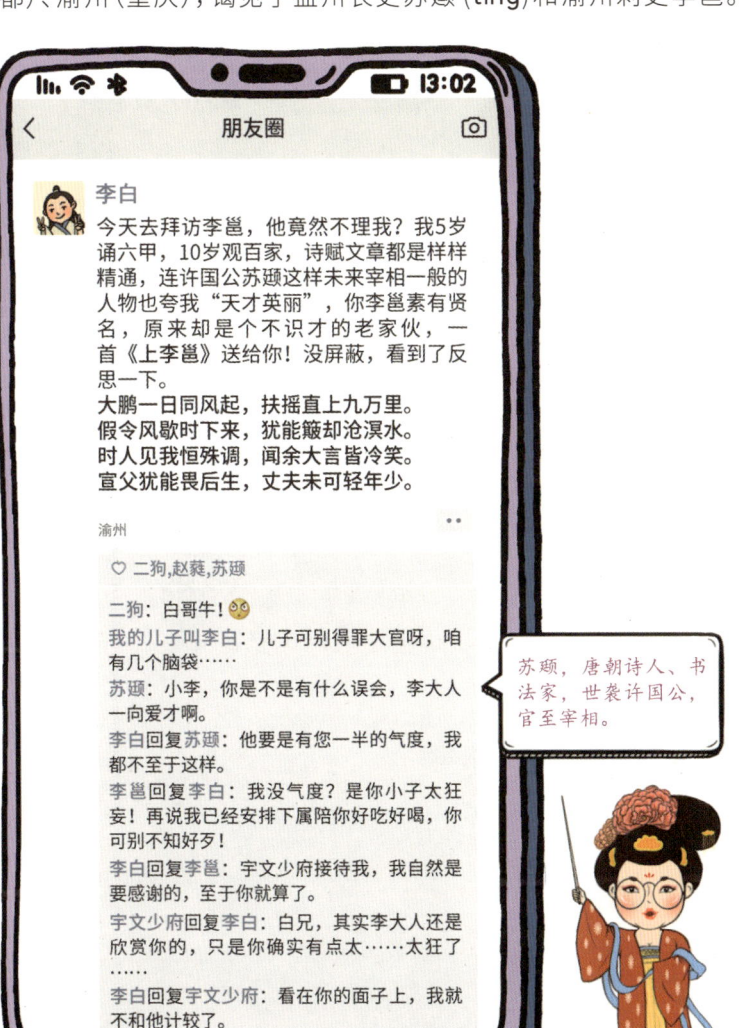

李白

今天去拜访李邕,他竟然不理我?我5岁诵六甲,10岁观百家,诗赋文章都是样样精通,连许国公苏颋这样未来宰相一般的人物也夸我"天才英丽",你李邕素有贤名,原来却是个不识才的老家伙,一首《上李邕》送给你!没屏蔽,看到了反思一下。

大鹏一日同风起,扶摇直上九万里。
假令风歇时下来,犹能簸却沧溟水。
时人见我恒殊调,闻余大言皆冷笑。
宣父犹能畏后生,丈夫未可轻年少。

渝州

♡ 二狗,赵蕤,苏颋

二狗:白哥牛!

我的儿子叫李白:儿子可别得罪大官呀,咱有几个脑袋……

苏颋:小李,你是不是有什么误会,李大人一向爱才啊。

李白回复苏颋:他要是有您一半的气度,我都不至于这样。

李邕回复李白:我没气度?是你小子太狂妄!再说我已经安排下属陪你好吃好喝,你可别不知好歹!

李白回复李邕:宇文少府接待我,我自然是要感谢的,至于你就算了。

宇文少府回复李白:白兄,其实李大人还是欣赏你的,只是你确实有点太……太狂了。

李白回复宇文少府:看在你的面子上,我就不和他计较了。

> 苏颋,唐朝诗人、书法家,世袭许国公,官至宰相。

📢 在李邕那里吃了一鼻子灰后,李白回到匡山又发奋苦读了四年。然而,对于一个自比"鲲鹏"的年轻人来说,终究还是要"飞"出去的。开元十二年(724年),李白买了一条破船,一路向东。世界那么大,他想去看看。

李白
别匡山
晓峰如画碧参差,藤影风摇拂槛垂。
野径来多将犬伴,人间归晚带樵随。
看云客倚啼猿树,洗钵僧临失鹤池。
莫怪无心恋清境,已将书剑许明时。
24岁,大学毕业了,我要去建功立业了!
再见,我的大匡山!

匡山书院

♡ 我的儿子叫李白,李客,二狗,赵蕤

我的儿子叫李白:儿子保重,常回来看爹娘!😭
李白回复我的儿子叫李白:知道了,娘,您和爹一定保重身体,等我发达了接你们进京享福!
李客:"已将书剑许明时",儿子有志气!对了,没钱了就打电话,爹没别的本事,钱管够!
赵蕤:小白,拙作《长短经》你抄完了没?
李白回复赵蕤:老师,您别这样……
二狗:白哥……还是那句话,白哥牛!
李白回复二狗:大家一起牛!

📢 也许是玩兴过头了，也许是家里给的钱太多了，李白出蜀后，数年间只顾游山玩水，写诗交友，将功名忘得一干二净。终于，在遍游荆楚、漫游吴越、"散金三十余万"后，他，没钱了。

李白

这几年真的玩嗨了，家产都被我败光了，功名却没半点着落。好友孟少府推荐我到安州投奔他的朋友安州都督马正会，正好，那里的云梦大泽我还没见过。可这会儿刚走到陈州，一点盘缠都没了，我准备把家传宝剑和鹔鹴裘衣卖了。

> 安州，今湖北安陆。

> 陈州，今河南周口。

陈州

♡ 二狗,孟少府,李邕,马正会

二狗：散金三十余万，白哥牛！
李白回复二狗：滚，没见我正惨吗！
李邕：李"大鹏"同学，真混这么惨？😆
李白回复李邕：好了，这下你可以"轻年少"了……
李邕回复李白：我可没你那么记仇。这样吧，我差人给你送点钱过来，三千钱够吗？
李白回复李邕：😂真的假的？太够了！真这样的话，之前算是我冤枉你了。
李邕回复李白：哈哈，小事一桩！忘了告诉你，我现在是陈州刺史，你正在我的地盘上呢。
李白回复李邕：你牛！👍

> 这几年李白花了不少钱，也写了不少诗，如著名的《望庐山瀑布》《望天门山》《长干行》《少年行》《金陵酒肆留别》。

开元十五年（727年）春，李白抵达襄阳，拜访了仰慕已久的诗人孟浩然，与他一见如故。随后，他前往安陆投奔马正会，并结识了好友元丹丘——对，就是《将进酒》中的那个"丹丘生"。更让人大跌眼镜的是，在这里，心高气傲的李白竟当了"上门女婿"。

李白
官宣！我们！

安州

♡ 孟浩然,马正会,元丹丘,李邕

孟浩然：老弟这速度，佩服！
元丹丘：恭喜恭喜！
马正会：成了咱安州女婿，恭喜恭喜！
孟少府：扬州人民发来贺电！
李邕：陈州人民发来贺电！
李白：谢谢大家的祝福！向大家汇报：我媳妇许氏，是安陆大户人家许员外的闺女，前宰相许圉师的孙女！
二狗：白哥牛！
李白回复二狗：每次都这句，红包呢？
二狗回复李白：你都入赘宰相家了，还在乎我红包？
李白回复二狗：友尽，拉黑！
许员外：小李加油！我们许家自老爷子去世后，家道中落，希望你能重振我许家门楣啊。
李白回复许员外：一定一定，感谢岳父大人厚爱！

> 这时，李白已经千金散尽，落魄不堪，入赘名门、晋升士族阶层成了他的最佳选择。

📢 在和许家姑娘度完蜜月后,李白在湖北安陆腻歪了三年。说良心话,这三年李白并没有忘记事业,只是由于他酗酒贪杯,狂放自负,尽管他多次请求地方长官举荐,但都被人无视了。

安陆名流群(36)

"马正会"邀请"裴长史"加入了群聊

马正会:各位,各位,由于@李京 李长史升迁外调,裴长史接替他的位子,大家欢迎!

裴长史:谢谢马都督。小弟初来乍到,还请各位支持!

李白:[上安州裴长史书.docx 12KB]

李白:@裴长史,麻烦看一下我的自荐书。

李白:小弟李白,身世不凡,志向远大,武艺高超,才华过人,重情重义,乐善好施,性情高洁,慷慨超然,尤其是诗文一流,益州长史苏颋大人曾说我"天才英丽",咱们马都督也曾当着李长史面儿夸我是文章奇才。您若能慧眼识珠,招我于门下,我必然不辜负您的厚爱……

> 李白确实给裴长史写过一份长达千余字的《上安州裴长史书》,把自己狠夸了一番。

安陆名流群（36）

裴长史：
@李白 好说好说。

裴长史：
@李京 前任同学，他谁呀？

李京：
哈哈，天下奇才李太白啊，确实颇有诗才，我发一首他的诗您看看。

李京：
赠内
三百六十日，日日醉如泥。
虽为李白妇，何异太常妻。

裴长史：
太白兄常年酗酒？

李京：
太白兄不仅酗酒，还打我呢，哈哈！

李白：
@李京，李长史，我不是给你请罪了吗，我说过那次是喝大了，误把你当作我的好友魏洽了……

裴长史：
……

二、出入长安，干谒无门

  盛唐时期并不流行吃软饭，严格地说，似乎这事儿从古至今就都不太光荣。李白入赘许家这几年，连个正经工作都没有，再不干点事业出来，好像出去也挺没面子。

  在那个盛世，只要有足够的才华，很容易出人头地，混出一番作为。李白想了想，觉得自己该做点什么了——安州这个小地方，官员都没什么见识，他何不到京城去闯一闯呢？或许皇帝老儿识才，给他个宰相当当呢。

  可惜他根本没有意识到，自己虽然写诗、喝酒是个好手，但并不是当官搞政治这块料。

📢 开元十八年（730年），李白来到长安，径直到宰相张说家里跑官。张说曾三任宰相，执掌文坛三十年，然而这时他已然病重，没法接待。辗转之下，李白结识了张说次子、当朝驸马张垍（jì），求他引见唐玄宗的妹妹玉真公主。

张垍

> 张驸马，我已经在终南山的玉真公主别馆住下，多谢了。

> 李兄客气。公主见你了吗？

> 见倒是见了，可她好像对我不感兴趣。

> 公主跟你一样喜欢修道，你多跟她交流，别忘了把你的大作给她看！

> 早就给了呢，我还给她写了《玉真仙人词》，你看看，我心可鉴啊！

> 玉真之仙人，时住太华峰。
> 清晨鸣天谷，飙欻腾双龙。
> 弄电不辍手，行云本无踪。
> 几时入少室，王母应相逢。

> 我估计是没戏了。唉，清秋何以慰？白酒盈吾杯！晚点我也给你写两首诗吧。

> 定当拜读！

（张垍，时任卫尉。李白给他写的两首诗是《玉真公主别馆苦雨赠卫尉张卿二首》。）

📢 在玉真公主那里苦等无果，李白又陆续去拜见了其他达官贵人，然而结果都一样。身在长安，无高官厚禄，"美人如花隔云端"，只能"卷帷望月空长叹"，于是他开始自暴自弃，终日游荡，与长安少年斗鸡走狗、喝酒赌博……

朋友圈

李白
前阵子在玄武门与小混混儿打架，想我"十步杀一人，千里不留行"的本事，谁能打赢我？只是没想到"事了"不能"拂衣去"，惊动了司法机关，幸好老友陆调帮忙，我才免了牢狱之灾。唉，不让当官，还不让打架，还让不让人活了？

♡ 孟浩然,元丹丘,张垍,陆调

李白
听说朋友要入蜀，又想起老家的风光了。只是入蜀之道何其艰难，跟我在长安的入仕之道一样啊！一首《蜀道难》，送给朋友，也送给自己。
噫吁嚱，危乎高哉！蜀道之难，难于上青天！……

♡ 孟浩然,元丹丘,张垍,陆调

李白
《蜀道难》还是没把我心情全部写出来，再写一首《行路难》吧！
大道如青天，我独不得出。
羞逐长安社中儿，赤鸡白雉赌梨栗。
弹剑作歌奏苦声，曳裾王门不称情。
淮阴市井笑韩信，汉朝公卿忌贾生。
君不见昔时燕家重郭隗，拥簪折节无嫌猜。
剧辛乐毅感恩分，输肝剖胆效英才。
昭王白骨萦蔓草，谁人更扫黄金台？

♡ 孟浩然,元丹丘,陆调

📢 在长安待了一年后，李白终于心灰意冷，决定离开这个伤心地。他先后游历了开封、宋城、嵩山、洛阳、南阳，历时一年多才回到安陆。这时，岳父已经去世，他便与妻子搬离许家，在附近的桃花岩开山筑舍，耕种读书，倒也过上了一段安定闲适的日子。

朋友圈

李白
近日几个堂兄弟到桃花岩看我，好久没见面，请他们大喝了一通，真是快活！
春夜宴从弟桃花园序
夫天地者，万物之逆旅也；光阴者，百代之过客也。而浮生若梦，为欢几何？古人秉烛夜游，良有以也。况阳春召我以烟景，大块假我以文章。会桃花之芳园，序天伦之乐事。群季俊秀，皆为惠连；吾人咏歌，独惭康乐。幽赏未已，高谈转清。开琼筵以坐花，飞羽觞而醉月。不有佳咏，何伸雅怀？如诗不成，罚依金谷酒数。

♡ 孟浩然,元丹丘,元演,崔成甫

孟浩然：写得真好，大开大合，潇洒飘逸，如行云流水一般！
元演：读之令人神清气爽，妙不可言！不过我还是更喜欢去年我和老崔刚认识你那会儿，你所作的《结客少年场行》，太霸气了！
崔成甫回复元演：是啊，"珠袍曳锦带，匕首插吴鸿"，"笑尽一杯酒，杀人都市中"，太白兄哪里是诗人，明明就是剑客嘛！
李白回复崔成甫：哈哈，两位老兄过奖，那阵子刚离开长安那个伤心地，心里愤懑嘛。现在我只求饮酒作乐，过过小日子喽。
元演回复李白：那你最近还有什么好诗？
李白：山中与幽人对酌
两人对酌山花开，一杯一杯复一杯。
我醉欲眠卿且去，明朝有意抱琴来。
孟浩然：佳作，我喜欢！
元丹丘：佳作+1，我也喜欢！
元演：佳作+2，我跟老崔一起喜欢！

> 在从长安回安陆的路上，李白作了《结客少年场行》《春夜洛阳闻笛》。

然而，闲适生活并没有过太久。随着女儿的降生，生活负担加重，李白又不得不开始外出找工作。

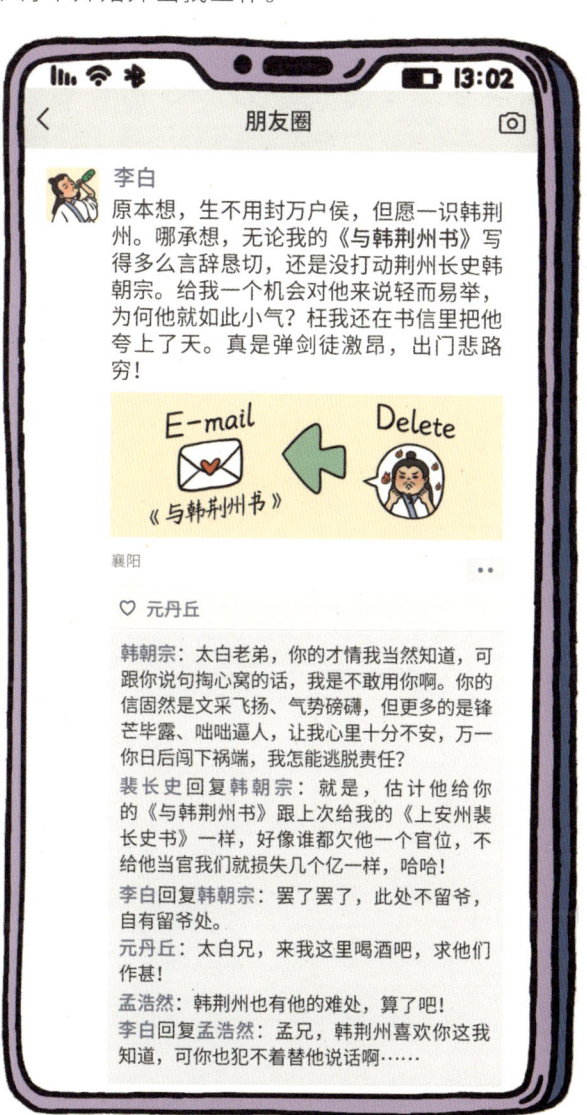

朋友圈

李白
原本想，生不用封万户侯，但愿一识韩荆州。哪承想，无论我的《与韩荆州书》写得多么言辞恳切，还是没打动荆州长史韩朝宗。给我一个机会对他来说轻而易举，为何他就如此小气？枉我还在书信里把他夸上了天。真是弹剑徒激昂，出门悲路穷！

襄阳

♡ 元丹丘

韩朝宗：太白老弟，你的才情我当然知道，可跟你说句掏心窝的话，我是不敢用你啊。你的信固然是文采飞扬、气势磅礴，但更多的是锋芒毕露、咄咄逼人，让我心里十分不安，万一你日后闯下祸端，我怎能逃脱责任？

裴长史回复韩朝宗：就是，估计他给你的《与韩荆州书》跟上次给我的《上安州裴长史书》一样，好像谁都欠他一个官位，不给他当官我们就损失几个亿一样，哈哈！

李白回复韩朝宗：罢了罢了，此处不留爷，自有留爷处。

元丹丘：太白兄，来我这里喝酒吧，求他们作甚！

孟浩然：韩荆州也有他的难处，算了吧！

李白回复孟浩然：孟兄，韩荆州喜欢你这我知道，可你也犯不着替他说话啊……

📢 想到在安陆苦无出头之日,加之入赘许家后直到岳父去世,也没能帮许家重振门楣,再留在这里恐惹人笑话,李白萌生了离开安陆的想法。

兄长

> 哥,你现在哪里做事呢?好久都没跟你联系了。

我在山东当个小县令。你在哪里?过得怎样?听说你入赘了安州许家,后来又去了长安……

> 唉,现在没工作。我老丈人去世几年了,现在我跟老婆孩子还在安州呢。

你要不到山东来?这边亲戚多,也好有个照应。

> 有哪些亲戚,他们在做什么?

六叔在任城当县令,从祖李之芳在济南任太守,近世族祖李辅在鲁郡当都督,族弟李凝在单父做主簿,其他几个族弟也有在这边的。

> 没想到你们都在山东当官!哥,我这就收拾家当投奔你们!别嫌弃我拖家带口啊……

自家兄弟,说什么嫌弃呢!

从公元727年入赘许家，到公元736年离开安陆，李白从27岁的热血青年熬成了36岁的油腻大叔。但李白依然乐观，定居任城后，在亲友的周济下，他又开始了驴友生涯，数次回访元丹丘、孟浩然等旧友，又结识了崔宗之、王昌龄等新朋，直到公元740年妻子病逝。

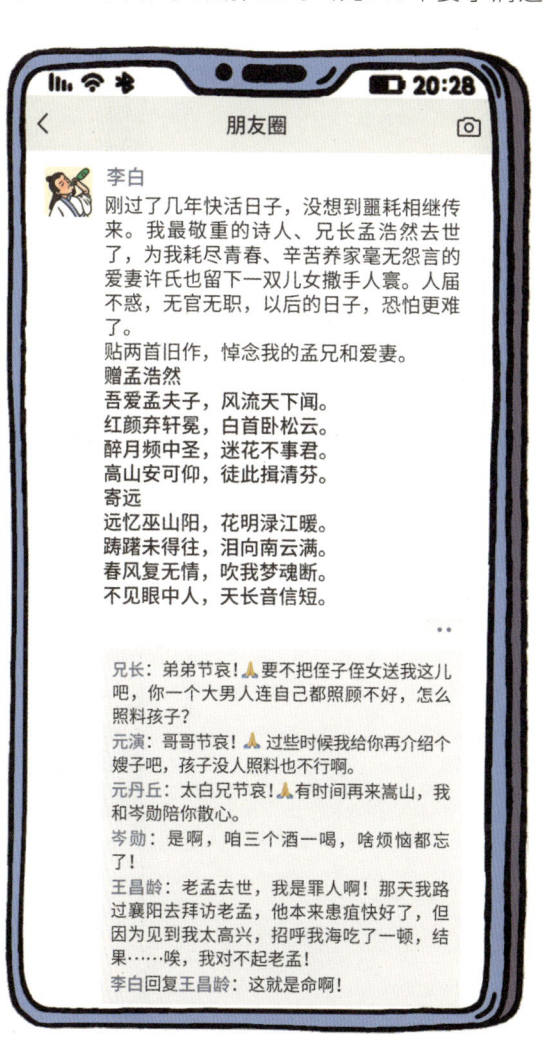

李白

刚过了几年快活日子，没想到噩耗相继传来。我最敬重的诗人、兄长孟浩然去世了，为我耗尽青春、辛苦养家毫无怨言的爱妻许氏也留下一双儿女撒手人寰。人届不惑，无官无职，以后的日子，恐怕更难了。

贴两首旧作，悼念我的孟兄和爱妻。

赠孟浩然
吾爱孟夫子，风流天下闻。
红颜弃轩冕，白首卧松云。
醉月频中圣，迷花不事君。
高山安可仰，徒此揖清芬。

寄远
远忆巫山阳，花明渌江暖。
跨蹰未得往，泪向南云满。
春风复无情，吹我梦魂断。
不见眼中人，天长音信短。

兄长：弟弟节哀！🙏要不把侄子侄女送我这儿吧，你一个大男人连自己都照顾不好，怎么照料孩子？

元演：哥哥节哀！🙏过些时候我给你再介绍个嫂子吧，孩子没人照料也不行啊。

元丹丘：太白兄节哀！🙏有时间再来嵩山，我和岑勋陪你散心。

岑勋：是啊，咱三个酒一喝，啥烦恼都忘了！

王昌龄：老孟去世，我是罪人啊！那天我路过襄阳去拜访老孟，他本来患疽快好了，但因为见到我太高兴，招呼我海吃了一顿，结果……唉，我对不起老孟！

李白回复王昌龄：这就是命啊！

📢 许氏病故后不久，李白续娶了一位刘氏夫人，但很快离婚，一年后又另娶一鲁女。只是，亲人、家庭，在"诗仙"的眼里，从来都不重要。李白一辈子到处拜官交友，留下了一百六十多首送别诗，但写给家人的极少。刚娶了第三任夫人，他就又跑出去玩了。

李白
青山横北郭，白水绕东城。此地一为别，孤蓬万里征。浮云游子意，落日故人情。挥手自兹去，萧萧班马鸣。
一首《送友人》，写给即将到越中赴任的好友范金卿。

拍照留念 下次再见

♡ 元丹丘,王昌龄,范金卿,岑勋,孔巢父

范金卿：感谢太白兄，感动得我要哭了。😭
王昌龄：兄弟的送别诗，总是写得那么好。你当年给老孟的诗，"孤帆远影碧空尽，唯见长江天际流"，与你这首的"挥手自兹去，萧萧班马鸣"有异曲同工之妙，言已尽而意无穷，实在佩服。
李白回复王昌龄：少伯兄过奖，下次你贬官，我送你一首好诗，😏哈哈！
王昌龄回复李白：乌鸦嘴，我为什么一定要被贬官？
李白回复王昌龄：你已经被贬过一次，我目测你这次回京后还会再贬……
王昌龄回复李白：总比你一天官都没当过强，哈哈！
李白回复王昌龄：😅说到我痛处了，大哥！
孔巢父：太白兄，再到徂徕山玩啊，咱"竹溪六逸"不能散摊子啊。

> 李白定居任城后，曾与山东名士孔巢父、韩准、裴政、张叔明、陶沔于泰安府徂徕山下的竹溪隐居，世人称他们为"竹溪六逸"。

三、供奉翰林，赐金放还

命运真是会跟人开玩笑。当年过40的李白觉得这辈子可能再也入仕无望，剩下的日子只能纵情山水时，好运来了。

公元742年，改元天宝的唐玄宗，在妹妹玉真公主的推荐下，召李白的好友、资深道士元丹丘入朝为道门威仪（唐代管理道教的高级道官）。元丹丘，这位与李白关系最铁的老友，入朝后第一个想到了一直入仕无门的李白，他很快与自己的伯乐玉真公主联合向唐玄宗推荐了李白。

这一次，在两大红人的隆重推荐下，唐玄宗终于征召42岁的李白进宫。

人生最重要的时刻，来临时往往毫无征兆。那天，42岁的李白像往常一样在山林里游荡喝酒，突然，皇帝征召的喜讯来了。

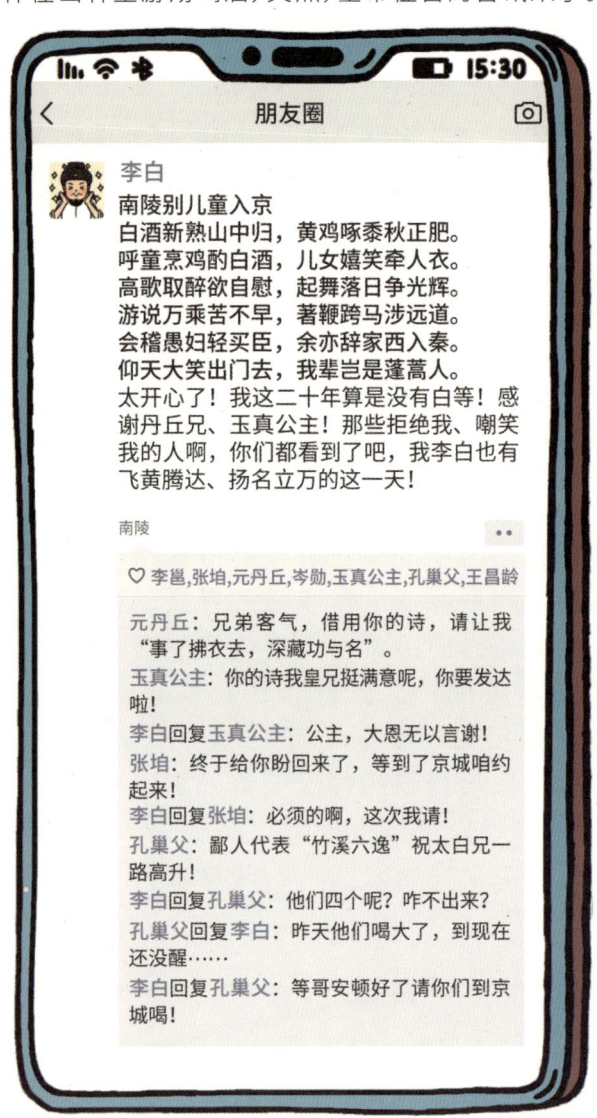

李白

南陵别儿童入京

白酒新熟山中归，黄鸡啄黍秋正肥。
呼童烹鸡酌白酒，儿女嬉笑牵人衣。
高歌取醉欲自慰，起舞落日争光辉。
游说万乘苦不早，著鞭跨马涉远道。
会稽愚妇轻买臣，余亦辞家西入秦。
仰天大笑出门去，我辈岂是蓬蒿人。
太开心了！我这二十年算是没有白等！感谢丹丘兄、玉真公主！那些拒绝我、嘲笑我的人啊，你们都看到了吧，我李白也有飞黄腾达、扬名立万的这一天！

南陵

♡ 李邕,张垍,元丹丘,岑勋,玉真公主,孔巢父,王昌龄

元丹丘：兄弟客气，借用你的诗，请让我"事了拂衣去，深藏功与名"。

玉真公主：你的诗我皇兄挺满意呢，你要发达啦！

李白回复玉真公主：公主，大恩无以言谢！

张垍：终于给你盼回来了，等到了京城咱约起来！

李白回复张垍：必须的啊，这次我请！

孔巢父：鄙人代表"竹溪六逸"祝太白兄一路高升！

李白回复孔巢父：他们四个呢？咋不出来？

孔巢父回复李白：昨天他们喝大了，到现在还没醒……

李白回复孔巢父：等哥安顿好了请你们到京城喝！

📢 风尘仆仆赶到长安后,还没来得及见到唐玄宗,李白又遇到了他人生中的另一大贵人——名满天下的大诗人贺知章。此时,正担任太子宾客的贺知章已是84岁高龄,离他告老还乡还有两年。

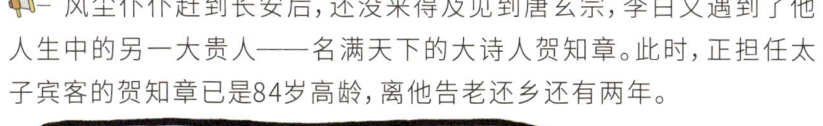

朋友圈

李白
贺老头可真逗,他看了我的《蜀道难》《乌栖曲》等诗后,不但没有怪我对大领导不敬,反而一个劲地夸我是"谪仙人",哈哈,我太喜欢这个称号了!
更逗的是,他请我喝酒,却没带钱,结果把腰间佩戴的金龟袋解下来作为酒钱,据说金龟袋是代表官职品级的信物啊,这老头还真不怕丢官啊……

不差钱嘿嘿

长安

崔宗之:老李,没看错吧?许是常人赏玩用的金龟。😄
孔巢父:是啊,贺老德高望重、名满天下,不会这么大意的!
李白:两位老兄不用担心,贺老头应该不在乎这些,他"四明狂客"的名头可不是盖的。
贺老头回复李白:还是小李知我,我贺老头今年84了,黄土已经埋到脖子了,还有什么好担心的。对了,明天我就跟皇上推荐你,这等国士之才舍而不用是我大唐的损失!
李白回复贺老头:大爱贺监!😊

> 《蜀道难》是李白上次赴长安干谒未果后的愤懑之作,《乌栖曲》则是李白漫游吴越时暗讽唐玄宗之作。

> 贺知章去世后,李白曾作《对酒忆贺监》二首。
> 其一
> 四明有狂客,风流贺季真。
> 长安一相见,呼我谪仙人。
> 昔好杯中物,翻为松下尘。
> 金龟换酒处,却忆泪沾巾。
> 其二
> 狂客归四明,山阴道士迎。
> 敕赐镜湖水,为君台沼荣。
> 人亡余故宅,空有荷花生。
> 念此杳如梦,凄然伤我情。

📢 前有元丹丘和玉真公主推荐，后有贺知章推荐，李白很快成为唐玄宗身边的红人，得以供奉翰林。其间，他诗作频出，酒局不断（与贺知章等人组了局，号称"饮中八仙"），微博热搜话题都是"人人都爱李太白"。但没多久，他的嚣张引起了权贵的嫉恨，唐玄宗对他日渐疏远。

> 李白写《清平调》时，杨玉环还没被封贵妃，"太真"是她的道号。

> 杜甫曾作《饮中八仙歌》，"八仙"指秘书监贺知章、汝阳王李琎、左丞相李适之、名士崔宗之、名士苏晋、"诗仙"李白、"草圣"张旭、布衣焦遂。

朋友圈

李白
好嗨哟，感觉人生已经到达了巅峰！
跳起来：杨太真啊，来，帮我研墨！高力士啊，来，帮我脱靴！
唱起来：请不要问我为啥这样狂，皇上为我调羹汤，皇上让我坐龙床，皇上诏我写乐章！
看，这就是我给皇上写的乐章：
清平调·其一
云想衣裳花想容，春风拂槛露华浓。
若非群玉山头见，会向瑶台月下逢。
清平调·其二
一枝红艳露凝香，云雨巫山枉断肠。
借问汉宫谁得似，可怜飞燕倚新妆。
清平调·其三
名花倾国两相欢，长得君王带笑看。
解释春风无限恨，沉香亭北倚阑干。
哈哈哈，谁不服？站出来！

翰林院

李白：咦，怎么没人评论？点赞的也没有？
贺老头回复李白：删了吧，小老弟，你这是在玩儿火……
李白回复贺老头：你咋也怕了？
贺老头回复李白：这回请忘了我的狂 🙊

📢 一年后,李白终于觉得在朝里待不下去了。他太狂傲,所有人都忍不了他。于是他自觉地提出辞职,唐玄宗也很配合,立马答应,并赏了他一笔钱。名也有了,钱也有了,李白倒也不在乎离开皇宫,他又可以到处玩了。很快,他遇到了杜甫、高适。

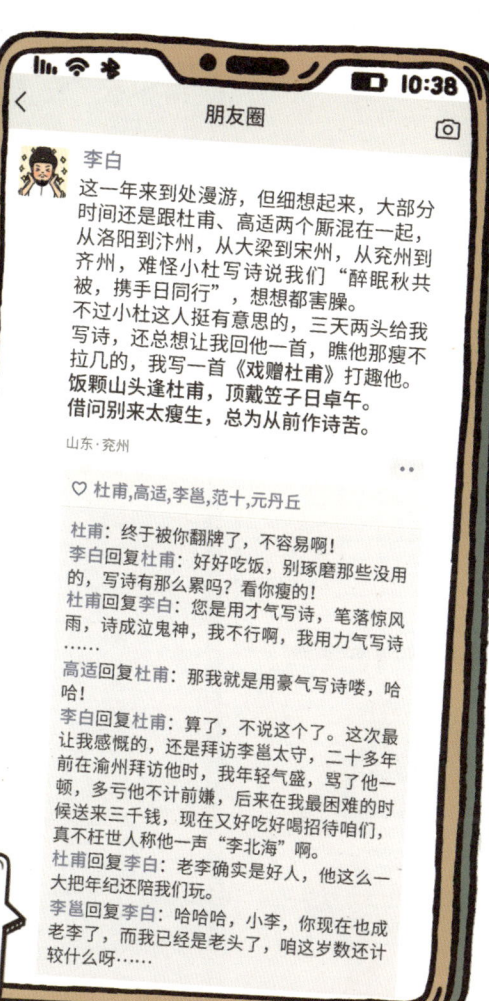

朋友圈

李白
这一年来到处漫游,但细想起来,大部分时间还是跟杜甫、高适两个厮混在一起,从洛阳到汴州,从大梁到宋州,从兖州到齐州,难怪小杜写诗说我们"醉眠秋共被,携手日同行",想想都害臊。
不过小杜这人挺有意思的,三天两头给我写诗,还总想让我回他一首,瞧他那瘦不拉几的,我写一首《戏赠杜甫》打趣他。
饭颗山头逢杜甫,顶戴笠子日卓午。
借问别来太瘦生,总为从前作诗苦。

山东·兖州

♡ 杜甫,高适,李邕,范十,元丹丘

杜甫:终于被你翻牌了,不容易啊!
李白回复杜甫:好好吃饭,别琢磨那些没用的,写诗有那么累吗?看你瘦的!
杜甫回复李白:您是用才气写诗,笔落惊风雨,诗成泣鬼神,我不行啊,我用力气写诗……
高适回复杜甫:那我就是用豪气写诗喽,哈哈!
李白回复杜甫:算了,不说这个了。这次最让我感慨的,还是拜访李邕太守,二十多年前在渝州拜访他时,我年轻气盛,骂了他一顿,多亏他不计前嫌,后来在我最困难的时候送来三千钱,现在又好吃好喝招待咱们,真不枉世人称他一声"李北海"啊。
杜甫回复李白:老李确实是好人,他这么一大把年纪还陪我们玩。
李邕回复李白:哈哈哈,小李,你现在也成老李了,而我已经是老头了,咱这岁数还计较什么呀……

> 李邕时任北海太守,年六十八岁。李白四十五岁,高适四十二岁,杜甫三十四岁。

与高适、杜甫分别后，李白在山东盘桓了一年，逐渐萌生南游越中的念头，写了《梦游天姥吟留别》，并与已经辞官回嵩山的元丹丘约好剡中相会。即便在途经宋城（河南商丘）时，李白又结了一次婚——第四任夫人是前宰相宗楚客的孙女、才貌双全的宗氏，他依然没有停下漫游的脚步。

李白

越中一游，忽忽数年。游了凤凰台，登了姑苏台，悼念了贺知章，结识了新朋友，更多的还是怀念亲人和旧友。《寄东鲁二稚子》，不知孩子们收到没。王昌龄再次被贬，我好像还欠他一首诗，只能在此遥相寄赠了。
闻王昌龄左迁龙标遥有此寄
杨花落尽子规啼，闻道龙标过五溪。
我寄愁心与明月，随风直到夜郎西。

♡ 宗氏,元丹丘,杜甫,王昌龄,崔成甫

宗氏：相公，就不想我么？
李白回复宗氏：当然想啊，四任妻子，我最爱你。
宗氏回复李白：不相信，一结婚就跑了。
王昌龄：乌鸦嘴，果然被你说中了！
李白回复王昌龄：我也没food言嘛，一听说你被贬，我就给你写了这首送别诗。看看，与我给老孟、给老范的相比如何？
王昌龄回复李白：略显直白，不过胜在巧思，"我寄愁心与明月，随风直到夜郎西"，老弟有心了。
李白回复王昌龄：必须的！我听说你前些年也写了一首特别好的送别诗《芙蓉楼送辛渐》。
王昌龄回复李白：对。寒雨连江夜入吴，平明送客楚山孤。洛阳亲友如相问，一片冰心在玉壶。
李白回复王昌龄：写得好写得好，"一片冰心在玉壶"，亏你想得出来！
王昌龄回复李白：这么说来，咱俩的送别诗有一拼？
李白回复王昌龄：当然当然。你边塞派的高适那小子，送别诗也不错。
王昌龄回复李白：对！

> 李白提到的高适送别诗，指《别董大》："千里黄云白日曛，北风吹雁雪纷纷。莫愁前路无知己，天下谁人不识君。"

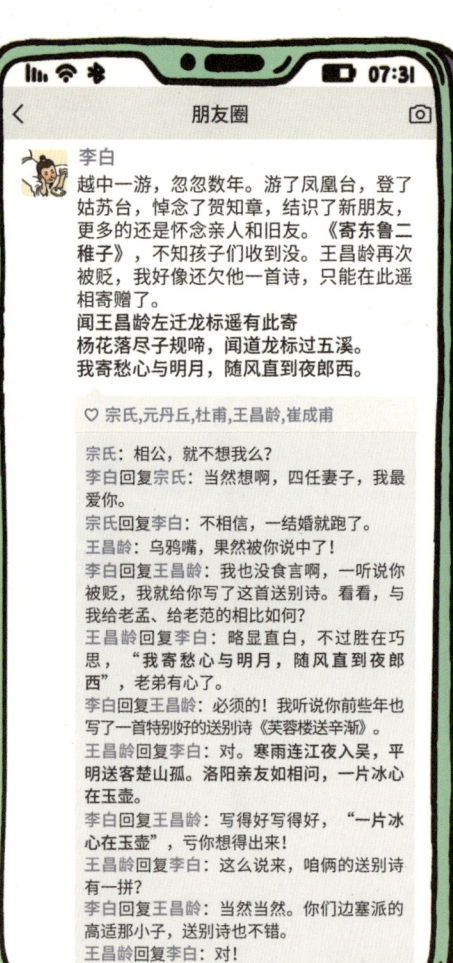

四、身陷囹圄，埋骨青山

　　自从被赐金放还，离开长安，李白在南方漫游了数年。人们以为，李白已经对朝廷失去信心，再也不会对功名心存念想了。

　　然而谁也没想到，他青年时期"申管晏之谈，谋帝王之术，奋其智能，愿为辅弼，使寰区大定，海县清一"的理想之火依然没有完全熄灭。在人生的某个特殊时期，这点微弱的火苗突被点起，又熊熊燃烧起来。

　　安史之乱爆发后，李白头脑发热投奔了永王，他以为自己是在报效国家，却不知道站错了阵营，最后导致身陷囹圄。在人生的最后几年中，他的精神创伤都没有恢复，最后他身死异乡，凄凉落幕，令人唏嘘。

📢 公元750年冬,在南方游历多年的李白回到任城。这时,李白50岁,距离他当年奉召入京已经过去八年。当年,他仰天大笑出门去,现在,他一无所有跑回来,自然被人瞧不起。为了缓解愤懑,第二年,他跑到河南去找元丹丘、岑勋喝酒,留下了千古名唱《将进酒》。

朋友圈

李白
岑夫子,丹丘生,将进酒,杯莫停!

石门山

♡ 宗氏,元丹丘,岑勋,杜甫,王昌龄,高适,崔成甫,王十二

元丹丘:岑夫子,李学士,将进酒,杯莫停!
岑勋:太白兄,丹丘弟,将进酒,杯莫停!
王昌龄:诚邀太白兄加入边塞诗派!
高适:诚邀太白兄加入边塞诗派!
杜甫:太白兄这是已进入癫狂状态,这恐怕是我一辈子难以企及的。
王十二:几年前你在金陵时给我寄的诗,也是这个气概,"孔圣犹闻伤凤麟,董龙更是何鸡狗","韩信羞将绛灌比,祢衡耻逐屠沽儿","君不见,李北海,英风豪气今何在!君不见,裴尚书,土坟三尺蒿棘居!"。
宗氏:相公少喝点啊,我想你了!

> 王十二,李白朋友。公元749年冬,李白在金陵收到王十二寄诗问候,作《答王十二寒夜独酌有怀》回复。

李白：我不是"大V" 121

📢 王昌龄、高适邀请李白加入边塞诗派，当然是戏谑之谈。但说来也怪，李白与元丹丘、岑参分手不久，就收到了安禄山的入幕邀请。李白雄心陡起，但当他抵达范阳时，觉察到拥兵20万的安禄山大有兴兵谋反之意，于是悻悻而归。

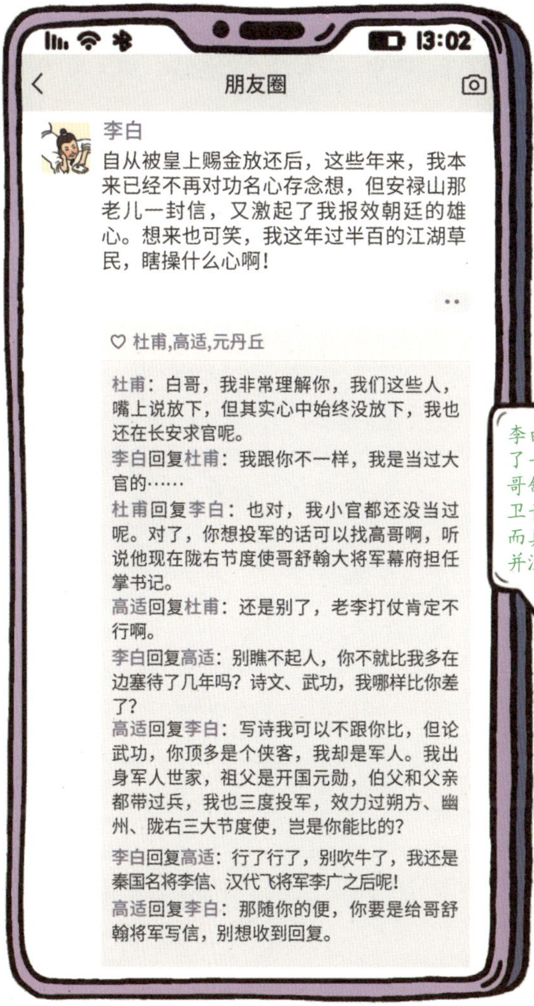

李白

自从被皇上赐金放还后，这些年来，我本来已经不再对功名心存念想，但安禄山那老儿一封信，又激起了我报效朝廷的雄心。想来也可笑，我这年过半百的江湖草民，瞎操什么心啊！

♡ 杜甫,高适,元丹丘

杜甫：白哥，我非常理解你，我们这些人，嘴上说放下，但其实心中始终没放下，我也还在长安求官呢。
李白回复杜甫：我跟你不一样，我是当过大官的……
杜甫回复李白：也对，我小官都还没当过呢。对了，你想投军的话可以找哥舒啊，听说他现在陇右节度使哥舒翰大将军幕府担任掌书记。
高适回复杜甫：还是别了，老李打仗肯定不行啊。
李白回复高适：别瞧不起人，你不就比我多在边塞待了几年吗？诗文、武功，我哪样比你差了？
高适回复李白：写诗我可以不跟你比，但论武功，你顶多是个侠客，我却是军人。我出身军人世家，祖父是开国元勋，伯父和父亲都带过兵，我也三度投军，效力过朔方、幽州、陇右三大节度使，岂是你能比的？
李白回复高适：行了行了，别吹牛了，我还是秦国名将李信、汉代飞将军李广之后呢！
高适回复李白：那随你的便，你要是给哥舒翰将军写信，别想收到回复。

💬 李白不信邪，给哥舒翰写了一封信《述德兼陈情上哥舒大夫》，夸哥舒翰比卫青、白起更强百倍，然而真如高适所言，哥舒翰并没有理会李白。

投军失败,李白满心失落。回到宋城与妻子宗氏短暂相聚后,李白受从弟宣州长史李昭之邀,南下宣州(今安徽宣城)散心。其间,他写了《独坐敬亭山》《宣州谢朓楼饯别校书叔云》,并在秋浦逗留了近三年。他与粉丝汪伦相见,便发生在这期间。

> 秋浦,今属安徽池州市,李白一生多次到过此处,留下《秋浦歌十七首》等五十多首诗。

> 《独坐敬亭山》:"众鸟高飞尽,孤云独去闲。相看两不厌,只有敬亭山。"

> 《宣州谢朓楼饯别校书叔云》:"弃我去者,昨日之日不可留;乱我心者,今日之日多烦忧。长风万里送秋雁,对此可以酣高楼。蓬莱文章建安骨,中间小谢又清发。俱怀逸兴壮思飞,欲上青天览明月。抽刀断水水更流,举杯销愁愁更愁。人生在世不称意,明朝散发弄扁舟。"

朋友圈

李白

汪伦这个老不正经的,从泾县写信跟我说,他们那地方有十里桃花、万家酒铺。有花赏有酒喝,我当然就去了。去了才发现,"十里桃花"是潭水名,叫桃花潭,"万家酒铺"就更气人了,有个酒铺老板姓万而已。
要不是给我招待得好,我非得写诗骂死他。不过这要回去了,我却有点舍不得了。一首《赠汪伦》送给他吧!
李白乘舟将欲行,忽闻岸上踏歌声。
桃花潭水深千尺,不及汪伦送我情。

桃花潭

♡ 汪伦,杜甫,宗氏,李昭

汪伦:不这样,能把偶像请来吗?哈哈,有诗仙一首诗,我也算千古留名了。
李白回复汪伦:快闭嘴吧你,趁着我现在心情好还没骂你。
杜甫回复李白:你这心境和我真不一样,换成我被忽悠,估计早就愁死了。
李白回复杜甫:和你一样我就没法活了,你太难了。
宗氏:还以为自己是明星,结果让粉丝骗了!
李白回复宗氏:唉!为夫交友不慎啊……

李白：我不是"大V" 123

📢 天宝十四年（755年），安史之乱爆发，唐玄宗仓皇出逃。国家危急，早有投军之意的李白在永王李璘的邀请下，踌躇满志地进入永王幕府。他原以为，平叛立功指日可待，然而命运跟他开了个玩笑，永王借机谋反，兵败被诛，李白投军不满两月，就成了罪臣。

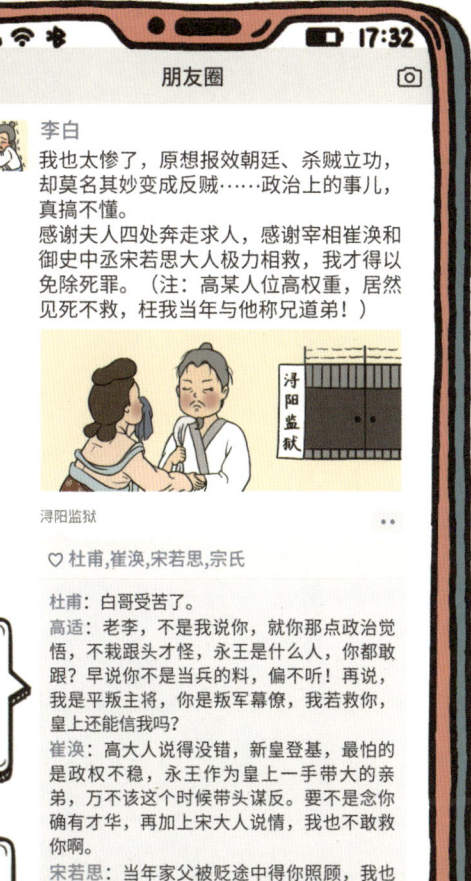

17:32
朋友圈

李白
我也太惨了，原想报效朝廷、杀贼立功，却莫名其妙变成反贼……政治上的事儿，真搞不懂。
感谢夫人四处奔走求人，感谢宰相崔涣和御史中丞宋若思大人极力相救，我才得以免除死罪。（注：高某人位高权重，居然见死不救，枉我当年与他称兄道弟！）

浔阳监狱

♡ 杜甫,崔涣,宋若思,宗氏

杜甫：白哥受苦了。
高适：老李，不是我说你，就你那点政治觉悟，不栽跟头才怪，永王是什么人，你都敢跟？早说你不是当兵的料，偏不听！再说，我是平叛主帅，你是叛军幕僚，我若救你，皇上还能信我吗？
崔涣：高大人说得没错，新皇登基，最怕的是政权不稳，永王作为皇上一手带大的亲弟，万不该这个时候带头谋反。要不是念你确有才华，再加上宋大人说情，我也不敢救你啊。
宋若思：当年家父被贬途中得你照顾，我也是为了还你一个人情。再加上我见你确实有才，想让你跟着我呢。
李白回复宋若思：不管怎样，还是谢谢您！

> 唐玄宗逃到成都后，太子李亨即位，为唐肃宗。永王李璘不听皇命，唐肃宗命高适担任淮南节度使讨伐永王。

> 开元二十年（734年），宋若思之父宋之悌以事流贬交趾（今越南河内），在江夏遇到李白。李白对其深表同情，写诗宽怀。

📢 死罪可免,活罪难逃,年近六旬的李白还是被流放了。说是流放,但经过一系列的运作,这一路其实更像旅游,走了一年多还没到达目的地。乾元二年(759年)春,突然传来消息,唐肃宗大赦天下,李白无罪释放。

朋友圈

李白

说要流放夜郎,结果走到白帝城就收到消息,说我这罪被赦免了,开心回家去!作一首《早发白帝城》,纪念这历史性时刻:

朝辞白帝彩云间,千里江陵一日还。
两岸猿声啼不住,轻舟已过万重山。

白帝城

♡ 杜甫,宗氏

宗氏:以为再也见不到你了😭 快回来吧!
杜甫:祝贺祝贺!老哥,你也是快60岁的人了,赶紧回去好好安度晚年,别再折腾了。
李白回复杜甫:也是,这两年太受打击了,我一老头子本想报效朝廷,结果整了这一遭罪。
杜甫回复李白:我就怕你还是放不下啊……这世道乱成这样,我也想辞官了。
李白回复杜甫:就你?你好不容易当个小官,你舍得?你才放不下天下苍生呢。
杜甫回复李白:我说的是真的,最近我从洛阳返回华州,一路上看到满目疮痍,百姓流离失所,真是惨不忍睹,我想去西南避一避。

> 杜甫在此期间作"三吏""三别"。

回家没多久，李白又坐不住了。不知道抽啥风，60多岁了他还去参军，结果才到半路就生了一场大病，又拐回来养病……也许，他自己都不知道自己图的是什么。一辈子看似云淡风轻，实际上谁又懂他的苦？

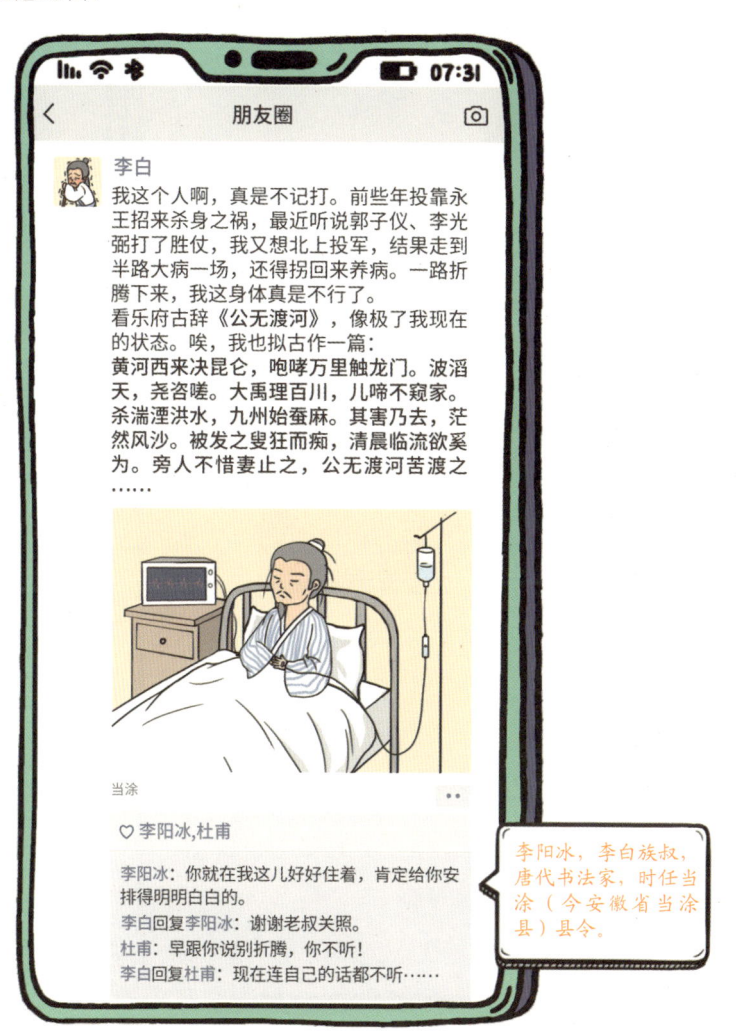

朋友圈

李白
我这个人啊，真是不记打。前些年投靠永王招来杀身之祸，最近听说郭子仪、李光弼打了胜仗，我又想北上投军，结果走到半路大病一场，还得拐回来养病。一路折腾下来，我这身体真是不行了。
看乐府古辞《公无渡河》，像极了我现在的状态。唉，我也拟古作一篇：
黄河西来决昆仑，咆哮万里触龙门。波滔天，尧咨嗟。大禹理百川，儿啼不窥家。杀湍湮洪水，九州始蚕麻。其害乃去，茫然风沙。被发之叟狂而痴，清晨临流欲奚为。旁人不惜妻止之，公无渡河苦渡之……

当涂

♡ 李阳冰,杜甫

李阳冰：你就在我这儿好好住着，肯定给你安排得明明白白的。
李白回复李阳冰：谢谢老叔关照。
杜甫：早跟你说别折腾，你不听！
李白回复杜甫：现在连自己的话都不听……

> 李阳冰，李白族叔，唐代书法家，时任当涂（今安徽省当涂县）县令。

📢 李白没能熬过这场重病,唐代宗宝应元年(762年)十一月,他撒手人寰。关于他的死,也有很多其他的说法,比如醉死于宣城,又比如在当涂江上喝醉,跳入水中捉月而死。但不论是哪种死法,李白的一生就这样结束了,画了一个不太完美但足够流传千古的句号。

朋友圈

李阳冰
吾侄李白,于昨日离世,享年六十二岁。最后的时刻,他留给我们一首《临路歌》:
大鹏飞兮振八裔,中天摧兮力不济。
余风激兮万世,游扶桑兮挂石袂。
后人得之传此,仲尼亡兮谁为出涕?

[李白遗像]

当涂

♡ 杜甫,高适,李二狗

杜甫:白哥一路走好!😈
李阳冰回复杜甫:节哀!
高适:唉,白哥走好。当年,我也是无奈之举啊……
李阳冰回复高适:都过去了。
二狗:白哥,一路走好……不管你这些年在外面都做了什么了不起的事儿,在我心里,你永远都是那个拔剑为我出头的少年侠客!虽然你把我拉黑了好几十年,但我依旧忘不掉你,还是想再对你说一声:白哥牛!
李阳冰回复二狗:所有人都不可能忘掉他,相信我。

结语

　　李白，这个继屈原之后最伟大的浪漫主义诗人，也许从来没把自己当诗人，他想做仗剑天涯的侠客，他想入朝为官，他甚至想找个洞天福地炼丹修仙……但纵观其一生，他没有实现自己的任何一个理想。他虽然很多时候快意恩仇，但遇到的挫折不少。他进过翰林院，但归根结底只是皇帝的跟班，御用文人罢了。性格上的缺陷，让他很难融入俗世；而政治上的不成熟，甚至差点要了他的命。幸好，李白把所有的快与不快都倾之笔端，化作或绚丽或慷慨的诗篇。大抵他自己也没料到，他那些随口吟唱的诗篇，奠定了他"诗仙"的地位，从而让他流芳百世……

　　这一杯酒，敬李白，没有人会忘记他……

第五章

杜甫：我太难了

多年前,有人将高中语文教材里的杜甫画像进行恶搞、涂鸦,改造成了一系列"杜甫很忙"的形象,让"诗圣"杜甫在去世一千两百多年后,突然成了一个"网络红人"。

可真实的杜甫不是"很忙",而是"很苦"。他虽然出身豪门,也曾经年少轻狂,但更多的是中年失意——科举落第、家道中落,老年凄凉——在安史之乱后辗转流亡,穷困潦倒。

欧阳修说:"诗穷而后工。"也许,上天为了成就一个伟大的诗人,要故意这样对待他吧。

如果唐代有微信,而且我们能加杜甫为好友,也许可以看到杜甫"高开低走"的苦难人生。

杜甫关系图

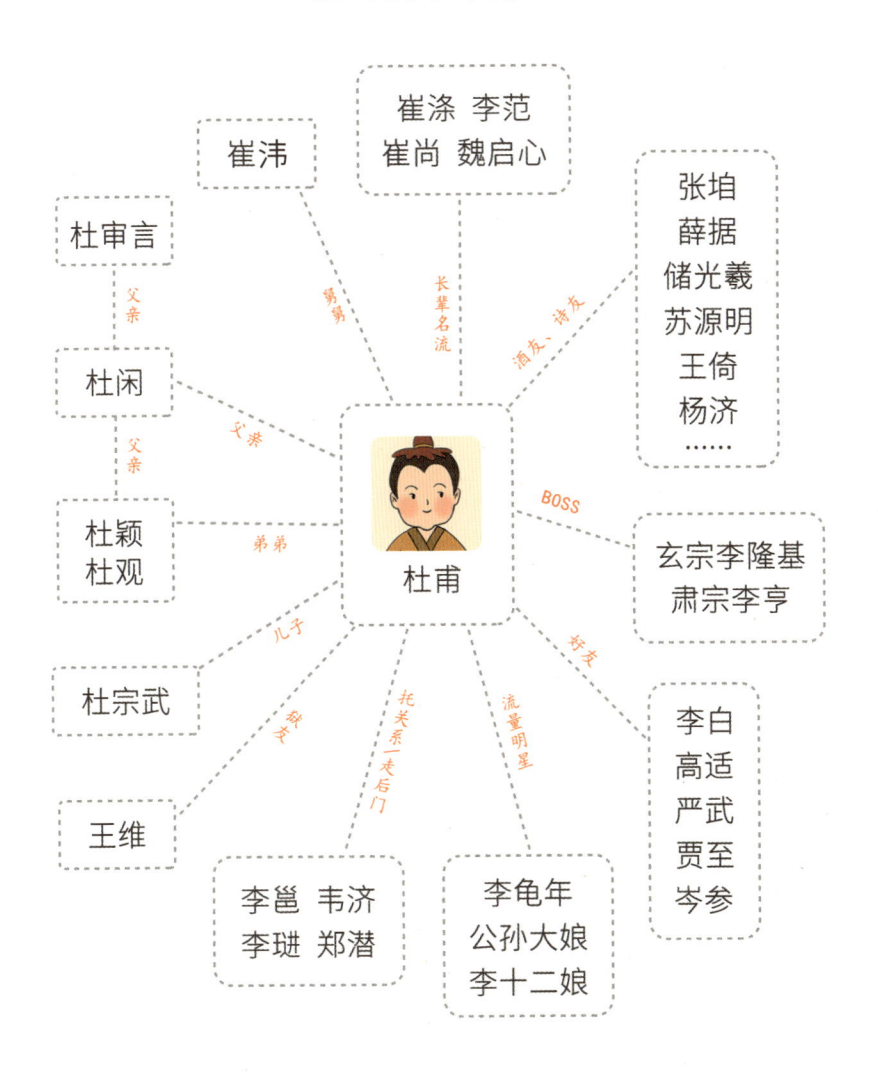

- 杜审言 —父亲— 杜闲 —父亲— 杜甫
- 杜颖 杜观 —弟弟— 杜甫
- 崔沩 —舅舅— 杜甫
- 崔涤 李范 崔尚 魏启心 —长辈名流— 杜甫
- 张垍 薛据 储光羲 苏源明 王倚 杨济 …… —酒友、诗友— 杜甫
- 玄宗李隆基 肃宗李亨 —BOSS— 杜甫
- 李白 高适 严武 贾至 岑参 —挚友— 杜甫
- 李龟年 公孙大娘 李十二娘 —流量明星— 杜甫
- 李邕 韦济 李琎 郑潜 —托关系、走后门— 杜甫
- 王维 —挚友— 杜甫
- 杜宗武 —儿子— 杜甫

一、我本世家子

公元690年，武则天收拾了造反的徐敬业、骆宾王等人，废了自己的儿子唐睿宗李旦，正式登基成为中国历史上第一个女皇帝，改国号为"周"。

公元712年，唐睿宗的第三子李隆基在摆平了自己的伯父、父亲、兄弟以及姑母后，终于掌握了大权，结束了百年来的政变时代，大唐进入盛唐时期。

就在唐玄宗登基那一年，显赫士族京兆杜氏诞生了一个男孩，从此唐朝又多了一名高门子弟，他就是杜甫。

📢 7岁那年,杜甫观看了国宝级著名表演艺术家公孙大娘舞剑,灵感迸发,写下了处女作《咏凤凰》,被视为"神童"。

> 杜甫爷爷杜审言是初唐才子,近体诗奠基人之一。杜甫曾用"吾祖诗冠古"评价他爷爷的诗。

> 杜甫三岁丧母,父亲杜闲在外做官娶了后妻,将杜甫寄居在其姑母家。

朋友圈

杜甫
今天和二姑、姑父去郾城逛街,有幸在街头看到了公孙大娘舞剑,那超群的舞姿和精湛的剑术,看得我热血沸腾,回来后忍不住诗兴大发,写出了我平生第一首诗《咏凤凰》。二姑看了非常高兴,连连夸奖,说我们老杜家基因好,我没给爷爷丢脸。开心!

郾城

♡ 杜闲,二姑

二姑:我侄子是最棒的!快给你爹也看看吧,你爹学问也很好!
杜甫回复二姑:好嘞!明儿回家我请他指导。
杜闲:吾儿切不可骄傲,无论你的诗怎样,都要继续努力才行。
杜甫回复杜闲:嗯嗯,我一定谨遵父亲大人教诲,向您和爷爷好好学习,不辱没咱京兆杜氏门楣!

📢 杜甫14岁时，开始登上文坛，其文采之高，震惊世人，风头一时无两，他经常穿梭于各界名流家里，吃喝玩乐。

杜甫
今天在崔九叔家又听了李龟年唱歌，唱得真好哇！之前在岐王家也听过一次，这次依然震撼。如果能和公孙大娘的剑舞合作一下，那就更好了！

洛阳

♡ 二姑，崔涤，李范，崔尚，魏启心，杜闲

崔涤：怎么样，九叔安排得到位吧？
杜甫回复崔涤：九叔，您安排得太到位了！
李范：如果再加上张野狐吹觱篥、雷海青弹琵琶，那就更嗨了！
杜甫回复李范：还是王爷您懂得多。
崔尚：小杜真是会享受。不过，说正经的，你小小年纪，文章倒是不错，已然有班固、扬雄之风！
杜甫回复崔尚：您过誉了，都靠前辈们指点。
杜闲：你小子先别嘚瑟了，咱家后院树枝被谁踩折了你知道吗？
杜甫回复杜闲：不是我啊！我又没爬那棵枣树！
杜闲回复杜甫：我说是枣树了吗？不打自招，等着回家挨揍吧！

> 崔涤，又名崔澄。唐人常用家族排行称呼他人，故也有人称其为崔九。

> 李范，即岐王，唐睿宗李旦第四子。

> 崔尚、魏启心，当时名士。

> 班固、扬雄，汉代文学家，都擅长作赋。

在唐代，文人要做官，基本上要参加科举考试，哪怕是富二代、官二代也是这样。开元二十三年（735年），24岁的杜甫风华正茂，准备参加科举，"学会文武艺，货与帝王家"。

郇瑕(huán xiá)，今山西临猗一带。

朋友圈

杜甫
19岁出游郇瑕，20岁漫游吴越，这几年在南方游历，眼界大开，也该收心了，回家来参加乡贡才是最重要的。后面还得准备进士考试，得少喝酒，少玩手机，戒游，戒网！

洛阳

♡ 二姑,杜闲

杜闲：早该如此了，娶妻生子，入仕当官，才是正途。好好准备吧，诗写得好，不一定就考得上，你要加油啊！
杜甫回复杜闲：爹，您放心，以我的才华难道还能落榜？
二姑：甫儿那么聪明，肯定能考上的。对了，甫儿，隔壁铁蛋让我问问，你啥时候帮他补补课。
杜甫回复二姑：铁蛋？他天天出去惹祸，不是当官的料啊……算了，等有时间吧。
二姑回复杜甫：出去偷梨窃枣那不也是你带的？说定了，一定补补！

📢 开元二十四年(736年),杜甫参加进士考试落榜,虽然失落,但他觉得还有机会,所以并不在意,收拾行李重新上路,准备在齐、鲁、燕、赵之间潇洒游历,捎带去看望时任兖(yǎn)州司马的父亲。他觉得自己会永远生猛下去,什么也锤不倒他。

朋友圈

杜甫
近期好多朋友问我为啥在山东,统一回复:进士考试翻车了,出来散散心,顺便去看看我爹,他在兖州当个小官。
出门散心确实好,看看祖国大好河山,感觉没考上也不算啥。一首《望岳》献给没来过泰山的朋友:
岱宗夫如何,齐鲁青未了。
造化钟神秀,阴阳割昏晓。
荡胸生曾云,决眦入归鸟。
会当凌绝顶,一览众山小。

泰安

♡ 二姑,杜闲,苏源明,铁蛋

杜闲:出来逛逛也好,这次没考上下次再考嘛!就是下次千万别立flag了。
杜甫回复杜闲:我的亲爹啊,您快别挤对我了吧……我逛一逛就过来看您!
苏源明:子美好胸怀,能写出这么豪迈的诗!意义深刻,格律工整,怕是比你爷爷更胜一筹。
杜甫回复苏源明:弱夫兄过奖了,我哪敢比我爷爷相比啊。
铁蛋:杜哥杜哥,啥时候给我补补课呀?
杜甫回复铁蛋:我自己都没考上还给你补课?

> 兖州,今山东省济宁市兖州区。司马,地方军事长官,闲职。

> 苏源明,字弱夫,杜甫游历齐赵间时结交的好友,《新唐书·艺文志》有传。

时隔四年,杜甫又一次去兖州看望他爹。他并不知道他爹的寿命只剩下最后一年,也并不知道这将是他们最后一次见面。此时的他,还在没心没肺地和张玠(jiè)喝大酒。

杜甫

我爹的身体越来越差了,有点难过。上次去看他时候,我们还登兖州城楼一起远眺怀古,如今老爷子喝酒都喝不动了……说起喝酒,张玠老哥是好手,品格高尚,有豪侠之风,给他写了两首《题张氏隐居》,酬宾大奉送,给大家放一首瞧瞧:

之子时相见,邀人晚兴留。
霁潭鳣发发,春草鹿呦呦。
杜酒偏劳劝,张梨不外求。
前村山路险,归醉每无愁。

兖州

♡ 二姑,杜闲,苏源明,张玠,许主簿,刘九

张玠:这夸奖我爱听,哈哈哈,诗我也收了。
杜闲:我都快六十了,哪能和你这小崽子一样天天喝……
二姑回复杜闲:酒少喝,老喝酒死得早。
杜甫回复二姑:二姑我要批评您,我爹不管怎么喝都得长命百岁!
苏源明:说起喝酒,就不得不提李白。
杜甫回复苏源明:说实在的,我挺想和李白喝一喝,我是他的忠实粉丝!

> 张玠,杜甫好友,有豪侠之风,后在安史之乱时勇杀叛将李廷伟,保全兖州。

> 许主簿、刘九,杜甫当时的朋友,有酒局、诗词往来。

📢 一晃，杜甫33岁了，除了娶妻生子成立家庭，他似乎没有做过什么有意义的事，官没当上，班也没上过。直到这一年夏天，杜甫在洛阳见到了他的偶像——比他大十一岁的李白，他仿佛看到了一座灯塔，开始思考人生的意义。

杜甫

这几年总感觉有点丧，父亲、二姑接连去世了。自己已过而立之年，虽然娶妻生子了，但其他方面一事无成，悲伤。

开心的是，我居然跟偶像李白认识了，我们还约定秋天一起到梁宋游玩，期待！献上《赠李白》一首，表达现在的心情：

二年客东都，所历厌机巧。
野人对腥膻，蔬食常不饱。
岂无青精饭，使我颜色好。
苦乏大药资，山林迹如扫。
李侯金闺彦，脱身事幽讨。
亦有梁宋游，方期拾瑶草。

> 梁宋，指大梁、宋州，位于河南东部，今开封、商丘一带。

洛阳

♡ 李白,苏源明,杜颖

杜颖：我也难受，而且黄河又闹水患，愁。
杜甫回复杜颖：弟弟啊，放宽心点吧。
李白：老弟不要整天愁眉苦脸，到了梁宋咱多喝上几杯就完事了！
杜甫回复李白：好啊！就喜欢和您一块儿喝酒聊天，甚是开心！
苏源明：羡慕，我也想和李白喝酒……
杜甫回复苏源明：找机会一起啊！

> 杜甫有四个弟弟，分别为杜颖、杜观、杜丰、杜占。

📢 天宝三年（744年）秋，杜甫和李白如约到了梁宋，这是两位伟大诗人的第二次会面。同时，他们还认识了40岁的"地陪"高适。对，就是那个著名边塞诗人高适，他除了早年北游燕赵、西出边塞、赴京赶考外，大部分时间定居梁宋。

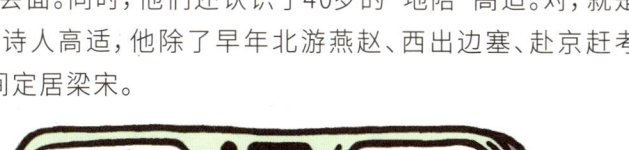

朋友圈 08:13

杜甫

感觉人生已经达到了顶峰！能与大诗人李白、高适同游梁宋，真是人生一大快事，虽然高适老哥跟我一样名气不如李白，但我们跟李白斗诗，可差不到哪里去！大家评评，我们的诗谁写得最好？

高适《古大梁行》："古城莽苍饶荆榛，驱马荒城愁杀人。魏王宫观尽禾黍，信陵宾客随灰尘……"

杜甫《遣怀》："白刃雠不义，黄金倾有无。杀人红尘里，报答在斯须。……"

李白《梁园吟》："梁王宫阙今安在？枚马先归不相待。舞影歌声散绿池，空余汴水东流海。沉吟此事泪满衣，黄金买醉未能归。连呼五白行六博，分曹赌酒酣驰晖。"

商丘

♡ 李白,高适,韩十四,陈兼,苏源明

李白：小杜勇气可嘉啊，敢跟我比诗。不过，没看出来你小子也喜欢打打杀杀，哈哈哈！有机会再约一起喝酒！

杜甫回复李白：不敢不敢，请白哥多指教！

高适：两位多住上一段时间呗，我负责陪吃、陪喝、陪住、陪游、陪斗诗，反正我也没班上，闲人一个。

杜甫回复高适：谢谢高哥，也不能老耽误您，您可是大才，以后绝对是统领千军万马的大人物！

苏源明：我觉得还是李白的诗好。

杜甫回复苏源明：友谊的小船要翻了啊。

> 李白、杜甫、高适梁园聚会，喝酒斗诗，留下了千古佳话。

> 陈兼，杜甫当时的朋友，两人有酒局、诗词往来。

📢 第二年，杜甫和李白在山东进行了他们人生中的第三次会面。分别后，杜甫很怀念李白，想再找机会一起喝酒，但他并不知道，以后他们再也未能相见。

> **白哥，这次和您一起玩真开心！又是饮酒作诗，又是炼丹求仙，还拜访了李北海，感觉这是我人生中最快乐的时光，太开心了！**

> 开心就好，此处应该有诗！

> **哈哈哈，马上发来！**

> **赠李白
> 秋来相顾尚飘蓬，
> 未就丹砂愧葛洪。
> 痛饮狂歌空度日，
> 飞扬跋扈为谁雄。**

> 痛饮狂歌空度日，哈哈，我喜欢！

> **我还有一首，你再看看！**

> **与李十二白同寻范十隐居
> 李侯有佳句，往往似阴铿。
> 余亦东蒙客，怜君如弟兄。
> 醉眠秋共被，携手日同行。
> 更想幽期处，还寻北郭生。
> 入门高兴发，侍立小童清。
> 落景闻寒杵，屯云对古城。
> ……**

李十二白、李侯，都指李白。
范十，即范居士，当时的隐士，居山东。
阴铿（kēng）：南朝诗人，擅长五言诗。

李白

李白： 醉眠秋共被，携手日同行，哈哈哈……

杜甫： 😍

李白： 咱们跟老范喝酒，我也作了一首，《寻鲁城北范居士失道落苍耳中见范置酒摘苍耳作》，诗太长我就不贴了，去我朋友圈看哈。

杜甫： 好嘞！

李白： 另外，礼尚往来，我也送你一首吧，就叫……《戏赠杜甫》？

李白：
饭颗山头逢杜甫，
顶戴笠子日卓午。
借问别来太瘦生，
总为从前作诗苦。

杜甫： 不正经……

天宝五年(747年)，杜甫在长安再次参加一年一度的"国考"。然而，宰相李林甫为了拍马屁，给皇帝导演了一出"野无遗贤"的大戏，当年科考竟"无一人及第"。

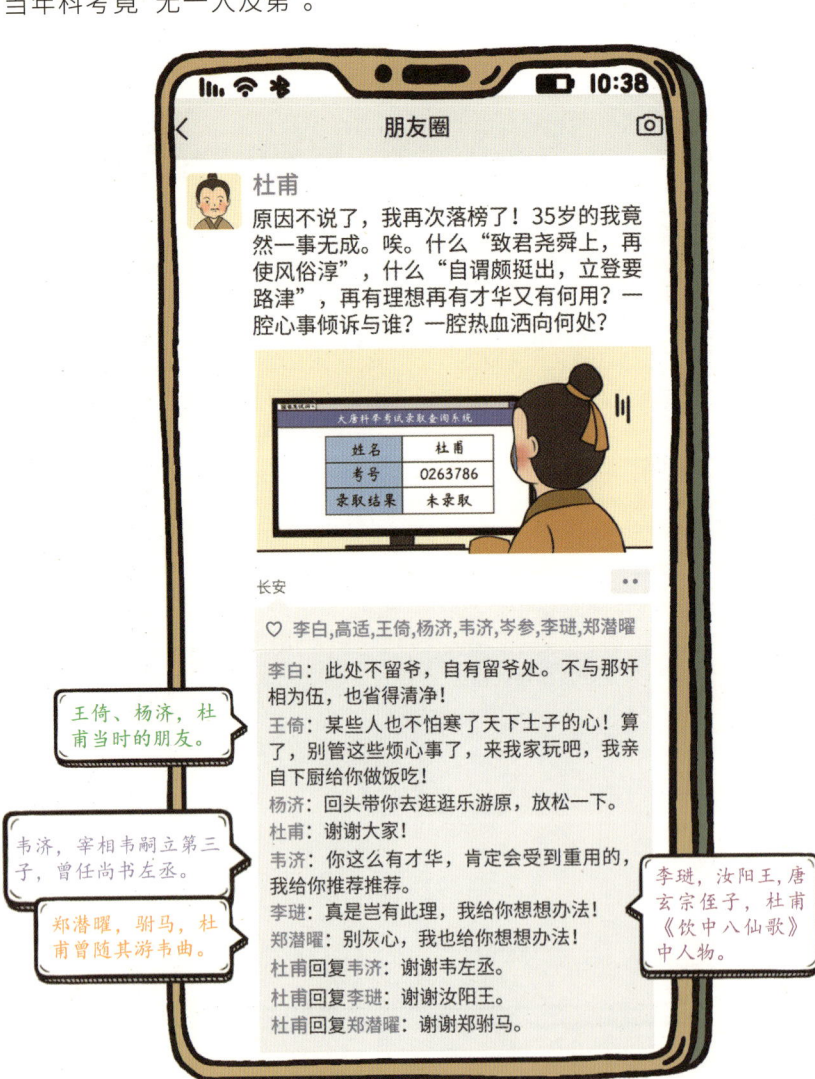

杜甫
原因不说了，我再次落榜了！35岁的我竟然一事无成。唉。什么"致君尧舜上，再使风俗淳"，什么"自谓颇挺出，立登要路津"，再有理想再有才华又有何用？一腔心事倾诉与谁？一腔热血洒向何处？

姓名	杜甫
考号	0263786
录取结果	未录取

长安

♡ 李白,高适,王倚,杨济,韦济,岑参,李琎,郑潜曜

李白：此处不留爷，自有留爷处。不与那奸相为伍，也省得清净！
王倚：某些人也不怕寒了天下士子的心！算了，别管这些烦心事了，来我家玩吧，我亲自下厨给你做饭吃！
杨济：回头带你去逛逛乐游原，放松一下。
杜甫：谢谢大家！
韦济：你这么有才华，肯定会受到重用的，我给你推荐推荐。
李琎：真是岂有此理，我给你想想办法。
郑潜曜：别灰心，我也给你想想办法。
杜甫回复韦济：谢谢韦左丞。
杜甫回复李琎：谢谢汝阳王。
杜甫回复郑潜曜：谢谢郑驸马。

> 王倚、杨济，杜甫当时的朋友。

> 韦济，宰相韦嗣立第三子，曾任尚书左丞。

> 郑潜曜，驸马，杜甫曾随其游韦曲。

> 李琎，汝阳王，唐玄宗侄子，杜甫《饮中八仙歌》中人物。

📢 天宝十年(751年),杜甫依然困守长安,虽然当官的朋友一大堆,但他连个闲差都没捞着。所以他作了三大礼赋,希望通过走后门的方式,让好友张垍递给皇上。毕竟张垍是驸马,关系比较硬。

张垍

> 听说近期皇上要亲自去祭祀太清宫、太庙和南郊?

对啊!你这消息还挺灵通啊,这么早就知道了?

> 说来惭愧,我这几年到处打听消息,满世界投简历……

> 张驸马,能不能给运作一下,我这儿有三大礼赋,想让皇上看看。

好说,发来就完事儿了。毕竟咱都是多年酒友,该帮必须帮。

> 朝献太清宫赋.docx
> 10.2KB

> 朝享太庙赋.docx
> 8.8KB

> 有事于南郊赋.docx
> 5.2KB

144 笑死了！刷了1400年的大唐诗人朋友圈

张垍

> 附件：进三大礼赋表.docx
> 50.4KB
> 微信电脑版

张驸马，您辛苦，回头请您喝大酒！

你放心，这三大礼赋要是送不到皇上手里，我直播眼珠子嚼花生米！

还是张驸马您靠谱啊！前几年，我天天跟在汝阳王和郑驸马屁股后面，他们愣是没给放一个屁。还有韦左丞，我不知道给他写了多少干谒诗，陪他招待了多少宾客，他就是没给我安排个差使。

也怪不了他们，实权都在李林甫手里哪。

唉！奸相误我啊，几年前一出"野无遗贤"的大戏，把我们士人的前途全给误了，想走点关系吧，后门还是被他把持着……

📢 天宝十一年（752年），那个觉得皇帝只能爱自己一个人的李林甫终于死了，杨国忠继任右丞相。天宝十四年（755年），杜甫终于得到一个小到不能再小的官：兵曹参军。

杜甫

好久没冒泡，好多朋友问我是不是给老天爷报到去了，给大家汇报一下最新动态，老杜目前做个右卫率府兵曹参军，说白了就是个看管军械库房的😳，唉，为了混口饭吃啊……

长安

♡ 李白，高适，张垍，岑参，薛据，储光羲，韦济，苏明源

李白：做什么官啊，来喝酒哇！
杜甫回复李白：不行，老婆孩子等着吃饭啊。
高适回复李白：你不是也天天想当官吗？
李白回复高适：去你的吧！我和你能一样吗？你就是官迷，这几年先是当了封丘尉，然后是凉州河西节度使哥舒翰的掌书记，再又是左拾遗，现在又担任监察御史，一路飞黄腾达啊！
杜甫回复高适：你们快别吵了，非得打起来才高兴吗？
岑参：子美，你当初是多么潇洒啊，现在也被生活摧残成这样了。
杜甫回复岑参：我其实还挺羡慕你的，还能为国征战。
铁蛋：杜哥，凭你的才能，以后肯定会发达！
杜甫回复铁蛋：但愿吧。

> 薛据、储光羲，杜甫朋友，与高适、岑参等人亦交好。

> 杜甫之前因进三大礼赋而得到玄宗的赏识，命待制在集贤院，然而仅得"参列选序"资格，等候分配，因主试者仍为李林甫，所以，杜甫没有得到官职。

📢 多年以后,当杜甫孤身一人躺在小船上时,他准会想到那个遥远的下午,做了小官、有了稳定工作的他带着钱粮回到家,却发现小儿子饿死在家……

杜甫
……朱门酒肉臭,路有冻死骨……入门闻号咷,幼子饥已卒……所愧为人父,无食致夭折……
感觉天都要塌了,好不容易熬到探亲的日子,昼夜兼程从长安赶回奉先,以为迎接我的将是孩子们灿烂的笑容,没想到刚进门就听到媳妇的哭声,我的小儿子,竟然被饿死了!
我这做父亲的,还不如死了算了呢。

> 奉先,今陕西蒲城。当时长安物价飞涨,生计艰难,杜甫将家人安置在奉先。

奉先

李白:你这首《自京赴奉先县咏怀五百字》,看得哭了,子美,你真的太不容易了!
高适:节哀顺变!近来真是不太平,先是百年不遇的大雨弄得物价飞涨,然后是安禄山造反的消息让人惶惶不安,要保重啊。
杜甫回复高适:这日子什么时候是个头啊。
岑参回复高适:感觉近来要出大乱子了。好多人连点赞都不敢点了,生怕以后谁出事了和自己扯上关系……
铁蛋:我的小侄子……杜哥,节哀吧。🙏

> 当时安禄山已经举兵谋反,但消息还未传至全国。

二、流落西南隅

李林甫把持朝政十九年,迫害忠良无数,更因肆意任用番将而使其坐大。在李林甫的胡作非为之下,政治腐败、军事空虚,百姓怨声载道。

天宝十四年(755年)末,势大力强的番将安禄山联合史思明造反,史称"安史之乱"。安史之乱是中华文明前所未有的一次巨大浩劫。这场历时八年、席卷大半个中国、造成无数人民死伤的战争,成为大唐王朝由盛转衰的转折点,此后,大唐雄风不复存在。

中年失意的杜甫,在战火连绵、山河破碎的国势下,竟连困守长安都不能了。他再也没有"放荡齐赵间,裘马颇清狂"的潇洒生活了,也再没有"致君尧舜上,再使风俗淳"的伟大政治理想了。从此,他的生活里,只有辗转流落和忧国忧民。

天宝十五年（756年），安史之乱爆发后不久，安禄山就攻占东都洛阳，自称大燕皇帝。半年后，安禄山又攻破潼关，占领长安，唐玄宗仓皇逃往蜀地，太子李亨于灵武继位，是为肃宗。杜甫得知新皇即位，不顾连天战火赶往灵武，在途中被叛军抓获。

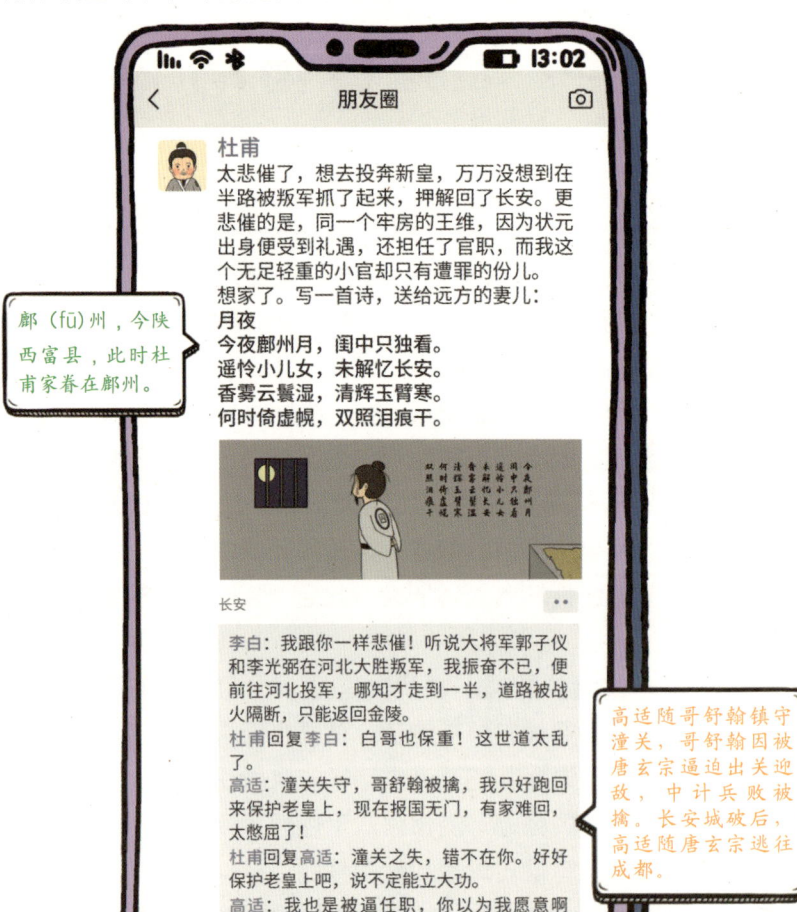

杜甫
太悲催了，想去投奔新皇，万万没想到在半路被叛军抓了起来，押解回了长安。更悲催的是，同一个牢房的王维，因为状元出身便受到礼遇，还担任了官职，而我这个无足轻重的小官却只有遭罪的份儿。想家了。写一首诗，送给远方的妻儿：

月夜
今夜鄜州月，闺中只独看。
遥怜小儿女，未解忆长安。
香雾云鬟湿，清辉玉臂寒。
何时倚虚幌，双照泪痕干。

> 鄜（fū）州，今陕西富县，此时杜甫家眷在鄜州。

长安

李白：我跟你一样悲催！听说大将军郭子仪和李光弼在河北大胜叛军，我振奋不已，便前往河北投军，哪知才走到一半，道路被战火隔断，只能返回金陵。

杜甫回复李白：白哥也保重！这世道太乱了。

高适：潼关失守，哥舒翰被擒，我只好跑回来保护老皇上，现在报国无门，有家难回，太憋屈了！

> 高适随哥舒翰镇守潼关，哥舒翰因被唐玄宗逼迫出关迎敌，中计兵败被擒。长安城破后，高适随唐玄宗逃往成都。

杜甫回复高适：潼关之失，错不在你。好好保护老皇上吧，说不定能立大功。

高适：我也是被逼任职，你以为我愿意啊……

张垍：都不容易，我还被安禄山封为宰相呢，战战兢兢啊！

📢 唐肃宗至德二年(757年)春,安禄山被其子安庆绪派人杀死,唐军与叛军战事陷入胶着,杜甫依然陷在长安。

朋友圈

杜甫
这一年多来,发生了太多的事情。安史造反,两都被陷,玄宗奔蜀,肃宗即位,战火延绵,山河破碎,我也家人两隔,困于长安。每念及此,潸然泪下。
春望
国破山河在,城春草木深。
感时花溅泪,恨别鸟惊心。
烽火连三月,家书抵万金。
白头搔更短,浑欲不胜簪。

长安

♡ 李白,高适,王维,岑参

李白:哥们儿更苦啊!我本想建功立业,才投奔到了永王帐下,没想到永王跟皇上打起来了,我也莫名其妙成了造反派……
杜甫回复李白:世人皆欲杀,吾意独怜才。白哥,你确实太悲催了,可我也帮不上忙。对了,你求求高哥啊!他现在是淮南节度使。
李白回复杜甫:拉倒吧你!你不知道永王就是被高适打败的吗?
高适回复杜甫:都怪你这乌鸦嘴,我俩真打起来了。我声明:我只是去打永王,不是奔着李白去的。
李白回复高适:有本事咱俩单挑啊,真打起来也不怕你!算了,我还是先出来再说吧。

> 李白入狱后,其妻宗氏为其四处奔走,最终在江南宣慰使崔涣、御史中丞宋若思等人相助下,李白得以获释,成为宋若思幕僚,但最终还是被流放夜郎。

📢 同年四月,杜甫投奔唐肃宗,并于五月获任"左拾遗"(故世称"杜拾遗"),但很快因触怒唐肃宗而被贬华州,虽然在长安收复后短暂回到长安再任左拾遗,但次年六月又被贬为华州司功参军。

> 邺城,今河北临漳县西南、河南安阳市北郊一带。

> 华州,在陕西渭南市。

> 李白与王维一生并无交集,老死不相往来。

杜甫

邺城之战爆发,我军大败。从洛阳返回华州的途中,我见到太多的苦难。战争,给百姓带来的苦难真是太大了。一路上,哀鸿遍野,民不聊生,我不禁感慨万千,奋笔写下了"三吏"(《新安吏》《石壕吏》《潼关吏》)、"三别"(《新婚别》《垂老别》《无家别》),但愿战争早日结束,百姓不再流离失所。

华州

♡ 李白,高适,王维,岑参

李白:唉,我已经在发配夜郎的路上,顾不了这人世间的苦难了。
杜甫回复李白:白哥一路多保重啊!
高适:唉,我因为手握重兵被皇上忌惮,去年也被罢了兵权,现在马上要出任彭州刺史。战争还没结束,为啥不让我继续打仗呢?
杜甫回复高适:刺史也不错啊,但愿你能让彭州尽快抚平战争的创伤。
王维回复高适:这年头,升官贬官都不是事,我前些年被叛军逼迫当了伪官,后来跟某白一样差点要被杀头,幸亏我当刑部侍郎的弟弟求情才保住一命,去年官复原职了。
李白回复王维:某维,我跟你熟吗,有当官的弟弟了不起啊!
杜甫回复王维:是啊,世事难料,我都不想当官了!
岑参回复杜甫:确实是世事难料啊,老杜,你曾推荐我担任"右补阙",结果没多久你被撸去了"左拾遗",我也被撸去了"右补阙",真是同病相怜。

乾元二年(759年)七月,杜甫辞官了。一辈子梦寐以求想当官,但如此乱世,当官也不能救民于水火,他索性辞官,携家到了相对平静的西北秦州,这里有他的侄子杜佐和好友赞公。

朋友圈

杜甫
辞官来到秦州后,忽然想念起昔日好友,分别给他们寄诗,时逢乱世,不知道大家过得怎样。最想念的是李白,也不知他到了夜郎没有啊。作《梦李白二首》《天末怀李白》聊表思念吧。
最近真写了不少诗,尤其是写了《秦州杂诗二十首》,寄给关心我的朋友们:
满目悲生事,因人作远游。
迟回度陇怯,浩荡及关愁。
水落鱼龙夜,山空鸟鼠秋。
西征问烽火,心折此淹留。
……

秦州(秦州,今甘肃天水一带。)

♡ 李白,贾至,高适,杜佐,岑参

李白:你也辞职啦?终于想开了!诗收到,我很好,无须挂念。
杜甫回复李白:听说因为旱灾,朝廷大赦天下,你自由了?
李白回复杜甫:是啊!才到白帝城就被赦,作一首《早发白帝城》庆祝。
贾至回复杜甫:老李潇洒得很,还到洞庭湖跟我喝酒赏月呢!(贾至,诗人,官至御史大夫,与杜甫、李白、王维、岑参等人相交。)
杜甫回复贾至:那个……你怎么跑洞庭湖去了?
贾至回复杜甫:被贬了呗,我现在是岳州司马。快到我朋友圈看我的诗吧,《初至巴陵与李十二白裴九同泛洞庭湖》那首。(岳州,今湖南岳阳。)
高适回复贾至:李白这厮记吃不记打,刚一被赦就没心没肺地喝。
李白回复高适:快闭嘴吧你,你不是也被贬了,还装什么大尾巴鹰呢?

由于好友严武担任了蜀州刺史,后又升任剑南节度使,在他的邀请下,杜甫只在秦州住了几个月,便举家入蜀,投奔严武。在严武的帮助下,杜甫在成都盖了一间草堂,名为"浣花草堂"。

高适

听说你到成都啦。

是啊,在季鹰的帮助下盖了间"浣花草堂",算是住下了。

真没看出来,你这个忧国忧民的"老杜"也讲究个文雅,哈哈!

想当年咱一块儿寻仙访道、快意恩仇那会儿,我比你现在还讲究呢。

哈哈哈,最近比较忙,也没空去看你,先送你首诗吧。

赠杜二拾遗
传道招提客,诗书自讨论。
佛香时入院,僧饭屡过门。
听法还应难,寻经剩欲翻。
草玄今已毕,此外复何言。

好啊!我也回你一首吧!

酬高使君相赠
古寺僧牢落,空房客寓居。
故人供禄米,邻舍与园蔬。
双树容听法,三车肯载书。
草玄吾岂敢,赋或似相如。

> 严武,字季鹰,杜甫好友,曾三次镇蜀,平蜀乱,退吐蕃,颇有军功,他也是诗人。

高适

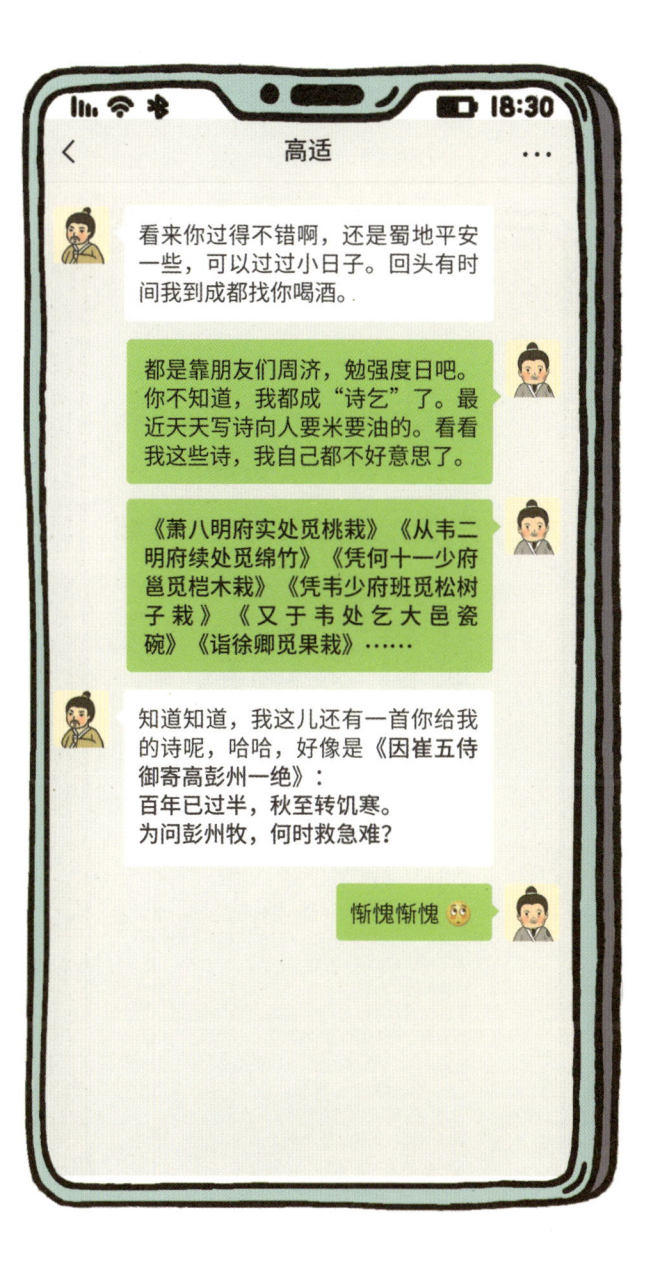

> 看来你过得不错啊,还是蜀地平安一些,可以过过小日子。回头有时间我到成都找你喝酒。

都是靠朋友们周济,勉强度日吧。你不知道,我都成"诗乞"了。最近天天写诗向人要米要油的。看看我这些诗,我自己都不好意思了。

《萧八明府实处觅桃栽》《从韦二明府续处觅绵竹》《凭何十一少府邕觅桤木栽》《凭韦少府班觅松树子栽》《又于韦处乞大邑瓷碗》《诣徐卿觅果栽》……

> 知道知道,我这儿还有一首你给我的诗呢,哈哈,好像是《因崔五侍御寄高彭州一绝》:
> 百年已过半,秋至转饥寒。
> 为问彭州牧,何时救急难?

惭愧惭愧 🙈

成都是个好地方,杜甫到那儿之后游览了武侯祠。作为诸葛亮的粉丝,他对诸葛亮一生鞠躬尽瘁、死而后已感到钦佩,同时也对其出师未捷身先死而感到惋惜。对比自己郁郁不得志的生活,他不禁念起了诗。

杜甫

今日游览武侯祠,颇有感慨。作《蜀相》一首怀古。

丞相祠堂何处寻,锦官城外柏森森。
映阶碧草自春色,隔叶黄鹂空好音。
三顾频烦天下计,两朝开济老臣心。
出师未捷身先死,长使英雄泪满襟。

成都

♡ 李白,高适,严武,贾至,岑参,王维

李白:我是真的服了你了,嘴上说着辞官去潇洒,心里还是放不下……是酒不好喝还是咋的?
杜甫回复李白:我不是,我没有,别瞎说啊!
高适回复杜甫:你啊,就是嘴硬,你看你这诗写的,明明就是想去干点啥但是有心无力那种感觉。
严武:老杜啊,不是我说你,劝你好好多次出仕你不听,可心里头还放不下,你说你图啥?
杜甫回复严武:都马上50岁的人了,还能干啥呢,只能发发感慨了。
王维:我们都老了,我都60了。
李白:老什么老,我也60了,我还想参军呢。
王维回复李白:都快要入土了,还嘴硬……

📢 唐代宗宝应二年（763年），史思明之子史朝义兵败自杀，长达八年的安史之乱结束。虽然大唐王朝一片残破，但战乱总算是结束了。

朋友圈

杜甫
听说史朝义兵败自缢，官军收复河南河北，战乱终于结束了！一首《闻官军收河南河北》以示祝贺，千言万语都在诗里！
剑外忽传收蓟北，初闻涕泪满衣裳。
却看妻子愁何在，漫卷诗书喜欲狂。
白日放歌须纵酒，青春作伴好还乡。
即从巴峡穿巫峡，便下襄阳向洛阳。

成都

♥ 严武,贾至,魏十八,岑参,范季明

> **严武**：我跟你一样高兴！不过我听说去年我被召回京后，蜀地不太平静，高适治蜀不力，我可能很快又要调回蜀地了。
> **杜甫回复严武**：是啊，高适老哥有点吃力，内乱不断，吐蕃蠢蠢欲动。
> **高适回复严武**：赶紧回来接我的班，我老了，该换个闲职享清福去喽！
> **严武回复高适**：老哥，你打内战厉害，打外战真的不行！
> **高适回复严武**：我就没见过你这么不会聊天的！
> **贾至**：讲真，我有点怀念李白了。安史之乱结束，他已走了好几个月了。
> **杜甫回复贾至**：是啊，怀念当初和白哥、高哥一起喝酒斗诗的日子。也怀念同住一个牢房的王维，可惜他也于前年走了……
> **高适回复杜甫**：没想到老李就这么走了，据说死之前还精神失常，真是可怜，估计他至死还在恨我见死不救吧……

魏十八、范季明，与岑参一样是杜甫好友，杜甫曾作《泛江送魏十八仓曹还京，因寄岑中允参、范郎中季明》。

王维逝世于公元761年，李白逝世于公元762年。

在蜀地,杜甫过得并不太顺。虽然在成都有草堂,但他年老多病,生计艰难,时常在新津、成都、青城之间辗转。其间,他被严武表荐为检校工部员外郎(世称"杜工部"),做了严武的参谋,但不久又去职。

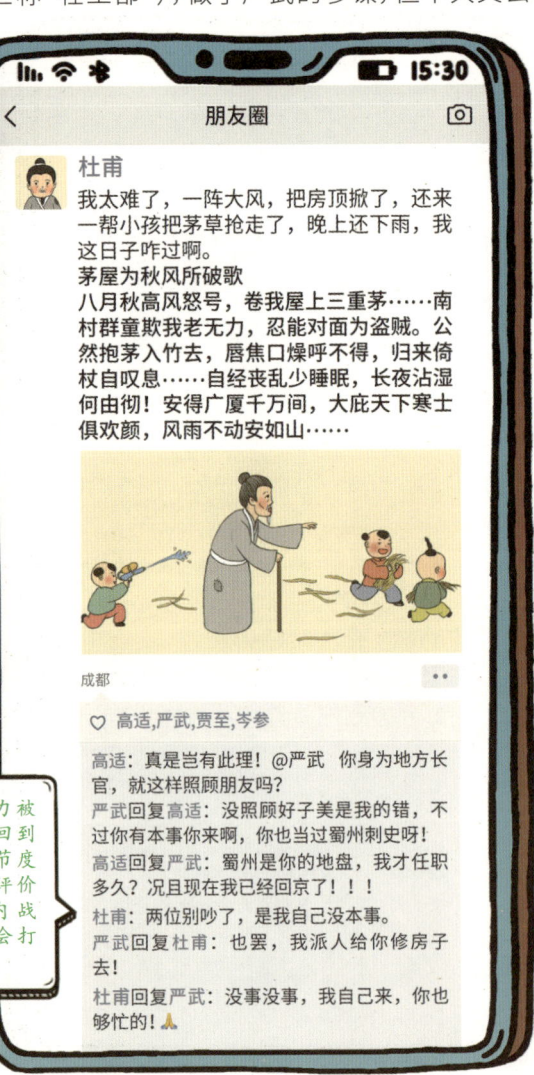

朋友圈

杜甫
我太难了,一阵大风,把房顶掀了,还来一帮小孩把茅草抢走了,晚上还下雨,我这日子咋过啊。
茅屋为秋风所破歌
八月秋高风怒号,卷我屋上三重茅……南村群童欺我老无力,忍能对面为盗贼。公然抱茅入竹去,唇焦口燥呼不得,归来倚杖自叹息……自经丧乱少睡眠,长夜沾湿何由彻!安得广厦千万间,大庇天下寒士俱欢颜,风雨不动安如山……

成都

♡ 高适,严武,贾至,岑参

高适:真是岂有此理!@严武 你身为地方长官,就这样照顾朋友吗?
严武回复高适:没照顾好子美是我的错,不过你有本事你来啊,你也当过蜀州刺史呀!
高适回复严武:蜀州是你的地盘,我才任职多久?况且现在我已经回京了!!!
杜甫:两位别吵了,是我自己没本事。
严武回复杜甫:也罢,我派人给你修房子去!
杜甫回复严武:没事没事,我自己来,你也够忙的!🙏

> 高适因治蜀不力被撤回京,严武回到蜀地接任剑南节度使。当时人们评价高适只会打内战(永王),不会打外战(吐蕃)。

📢 唐代宗永泰元年(765年),高适和严武相继去世,杜甫失去了在成都期间最好的两个朋友,也失去了依靠,他开始东迁,先后经过嘉州、戎州、渝州、忠州、云安,两年后到达夔州。

> 夔州,辖地相当于今重庆奉节、巫溪、巫山、云阳等地。

> 高式颜,高适侄子。

杜甫

我的嘴似乎真的有点妨人……那次我说高哥长命百岁,结果第二年他就死了;说季鹰不得病,第二年他暴病身亡。唉,我还是多到陌生的地方,少和人说话。

前阵子在元持宅看了李十二娘舞剑,想起了她老师公孙大娘。还记得7岁那年,我看公孙大娘舞剑,那时,大唐正好,而现如今,大唐老了,我也老了,李白、王维、高适、严武都走了……真怀念往昔时光。

重阳到了,写一首《登高》,感慨一下:
风急天高猿啸哀,渚清沙白鸟飞回。
无边落木萧萧下,不尽长江滚滚来。
万里悲秋常作客,百年多病独登台。
艰难苦恨繁霜鬓,潦倒新停浊酒杯。

夔州

♡ 高式颜,杜观,李十二娘,岑参

高式颜:要不是您前几天跟我聊,我都不知道我叔活着的时候还有那么多有意思的故事。

杜甫回复高式颜:老高前半辈子游山玩水,后半辈子为国尽忠,可以说是不枉此生了。

杜观:哥啊,前阵子去看你,也没发现你话变少了啊,屁大点事都得写首诗……

杜甫回复杜观:你快闭嘴吧你!你就是个弟弟!

杜观回复杜甫:我怀疑你在diss我,但是我没有证据。

李十二娘:我也有点想念老师了。

岑参:快别伤春悲秋了,你都熬死那么多人了,谁活到最后谁就是艺术家啊!

杜甫:那我努努力,把你熬死,哈哈!

大历三年(768年)，杜甫虽然身患肺病和风痹症，左臂偏枯，右耳已聋，只能靠吃药续命，但他还是待不住，从夔州经三峡到了岳州。

杜甫

漂着漂着，就漂到了岳州。一把年纪，一身的病，也不知道自己为啥还要到处漂。我太难了，连个说话的朋友都没有，只能自己写写诗。弟弟说我屁大点事都要作诗，不作诗，我跟谁说话呢？

登岳阳楼
昔闻洞庭水，今上岳阳楼。
吴楚东南坼，乾坤日夜浮。
亲朋无一字，老病有孤舟。
戎马关山北，凭轩涕泗流。

岳州

♡ 岑参,贾至,裴隐

岑参：我专门回蜀地看你，你跑湖南去了……

杜甫回复岑参：回头有机会再碰面喝吧，这次太不巧了。

贾至回复岑参：你不是被朝廷撸下去的吗？

岑参回复贾至：就你老实！我不是活跃一下气氛吗？

杜甫：老朋友没剩几个了，是得有人活跃一下气氛，不然愁死了。

裴隐回复杜甫：谁说没人啊？过几天我找你去，咱俩再登一次，一块儿喝起来！

杜甫回复裴隐：使君有心了，登楼可以，只怕酒是喝不动了。

> 裴隐，岳州（今湖南岳阳）人，排行第九。李白夜郎放还到岳州时曾与裴隐、贾至泛洞庭湖，贾至作《初至巴陵与李十二白裴九同泛洞庭湖》。

📢 大历五年(770年),杜甫在湖南潭州遇到了流落江南的宫廷歌唱家李龟年。时隔四十余年,杜甫已从轻狂少年变成暮年老者,此时的大唐,也早已伤痕累累,雄风不再。

杜甫
江南逢李龟年
岐王宅里寻常见,崔九堂前几度闻。
正是江南好风景,落花时节又逢君。
偶遇故人李龟年,感慨万千。少时常听他的歌,如今再见面,我们都已垂垂老矣,当年一起听他唱歌的人也都不在了。历经丧乱,好像也没有人再有心情听他的歌了。

潭州

> 潭州,今湖南长沙。

♡ 李龟年,贾至

李龟年: 不用感慨伤怀了,反正咱这帮老头子也活不了几天了。
杜甫回复李龟年: 唉,总觉着自己的脑子跟不上时代的变化。
贾至: 张野狐吹觱栗、雷海青弹琵琶、李龟年唱歌、公孙大娘舞剑……
杜甫回复贾至: 那是大唐的巅峰时代啊!
贾至回复杜甫: 对了,老杜,你怎么跑潭州了?
杜甫回复贾至: 说来话长,我本想到衡州投奔韦之晋,结果到了衡州才知道他改任了潭州刺史,等我赶到潭州,他已经病故……
贾至回复杜甫: 真是亲友凋零啊,我听说岑参也在几个月前走了。
杜甫回复贾至: 我估计我也没几天了……

📢 同年夏秋之际,生计无着的杜甫想前往郴州投奔舅舅,但他没能熬过这个冬天——在耒阳到郴州的水路上,"啖牛肉白酒,一夕而卒于耒阳"。一代"诗圣",忧国忧民半辈子,却如此孤独凄凉地逝于小舟之上。

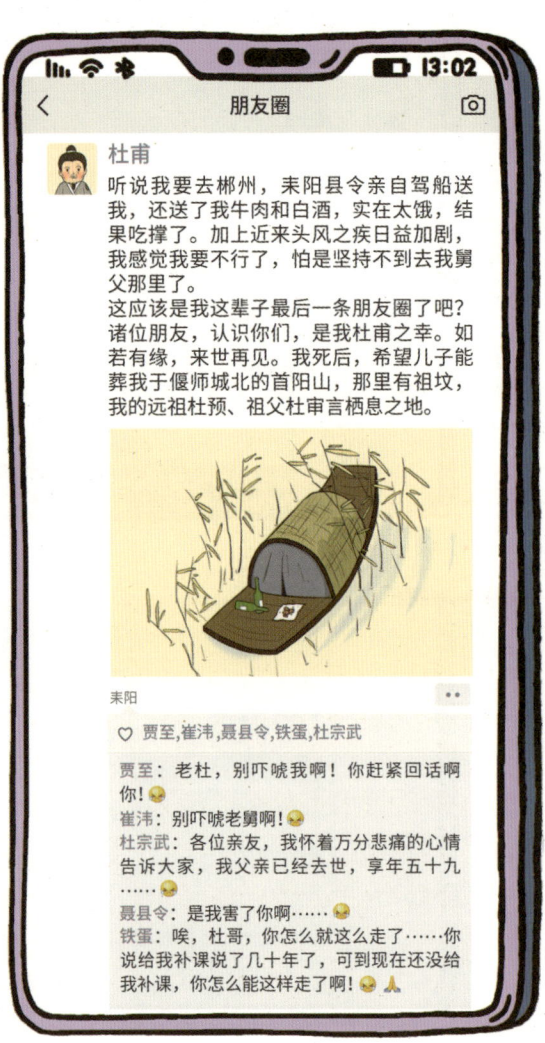

朋友圈

杜甫
听说我要去郴州,耒阳县令亲自驾船送我,还送了我牛肉和白酒,实在太饿,结果吃撑了。加上近来头风之疾日益加剧,我感觉我要不行了,怕是坚持不到去我舅父那里了。
这应该是我这辈子最后一条朋友圈了吧?诸位朋友,认识你们,是我杜甫之幸。如若有缘,来世再见。我死后,希望儿子能葬我于偃师城北的首阳山,那里有祖坟,我的远祖杜预、祖父杜审言栖息之地。

耒阳

♡ 贾至,崔沣,聂县令,铁蛋,杜宗武

贾至:老杜,别吓唬我啊!你赶紧回话啊你!😭

崔沣:别吓唬老舅啊!😭

杜宗武:各位亲友,我怀着万分悲痛的心情告诉大家,我父亲已经去世,享年五十九……😭

聂县令:是我害了你啊……😭

铁蛋:唉,杜哥,你怎么就这么走了……你说给我补课说了几十年了,可到现在还没给我补课,你怎么能这样走了啊!😭🙏

结语

杜甫死了，他奔波一生，直到最后都没过上好日子。

从年少轻狂到饱经磨难，或许没有那么多人了解他的整个人生，但是没有人会忘记他。

他的诗有丰富的社会内容、强烈的时代色彩、鲜明的政治倾向，深刻反映了安史之乱前后社会各个方面的样貌，因而被称作"诗史"。

杜甫是唐诗的集大成者，虽然他在世时并没有受到太多重视，但后来的白居易、韩愈，宋代的苏轼和以黄庭坚、陈师道为首的"江西诗派"，都对他推崇备至。

直到如今，说起中国最伟大的诗人，我们不得不提到杜甫。

虽然教科书上的杜甫被画成各种恶搞的形象，但我们依旧会为此感到高兴。最起码，在杜甫离世一千多年之后，人们还没有忘记他。

大唐诗人关系图

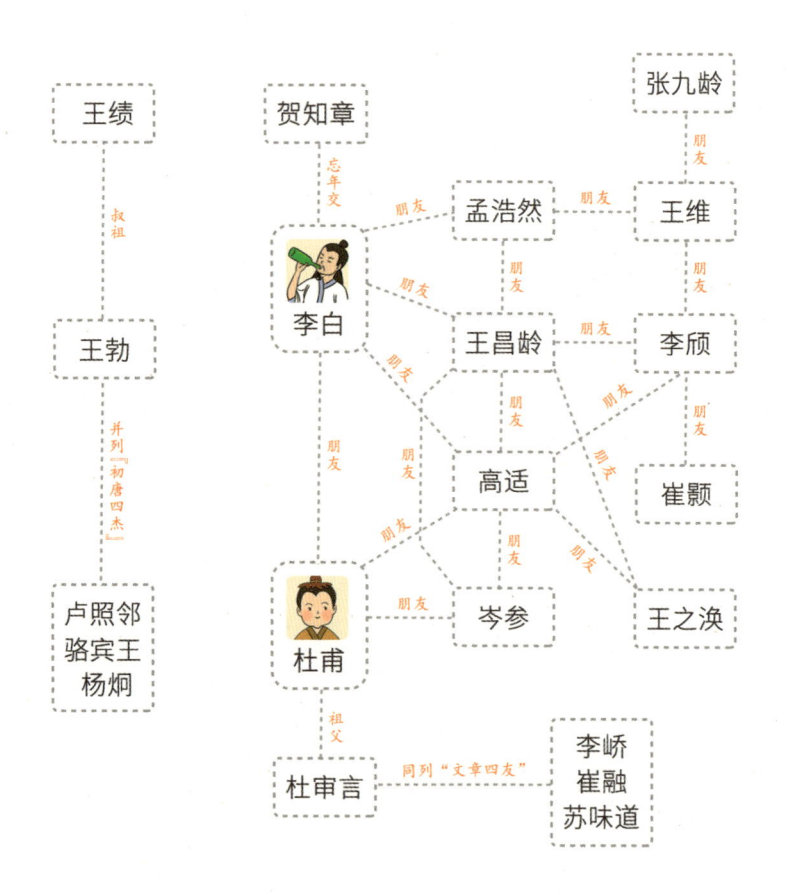

- 王绩
  - 叔祖 → 王勃
    - 并列"初唐四杰" → 卢照邻、骆宾王、杨炯

- 贺知章
  - 忘年交 → 李白

- 张九龄
  - 朋友 → 王维

- 李白
  - 朋友 → 孟浩然
  - 朋友 → 王昌龄
  - 朋友 → 杜甫
  - 朋友 → 高适

- 孟浩然
  - 朋友 → 王维
  - 朋友 → 王昌龄

- 王维
  - 朋友 → 李颀

- 王昌龄
  - 朋友 → 李颀
  - 朋友 → 高适

- 李颀
  - 朋友 → 崔颢

- 高适
  - 朋友 → 崔颢
  - 朋友 → 岑参
  - 朋友 → 王之涣
  - 朋友 → 杜甫

- 杜甫
  - 祖父 → 杜审言
    - 同列"文章四友" → 李峤、崔融、苏味道

初唐其他诗人：陈子昂、张若虚、刘希夷、宋之问、虞世南、上官仪、沈佺期

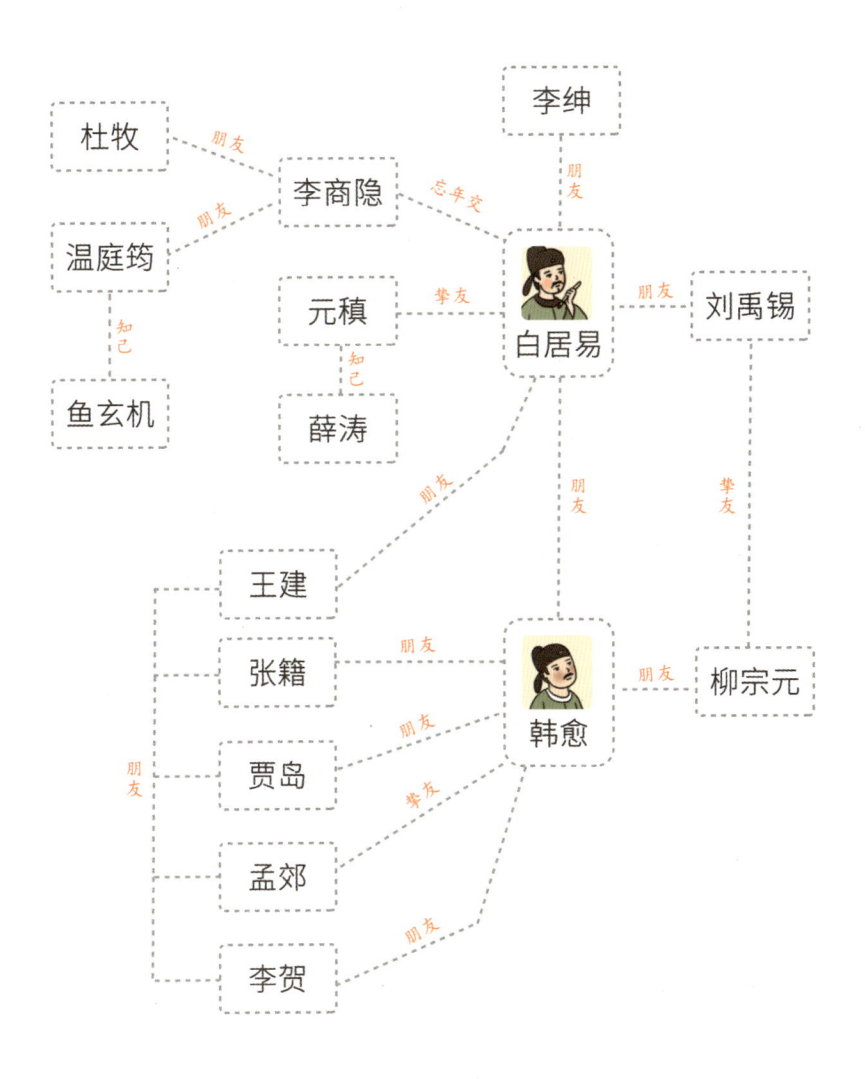

```
杜牧 ──朋友── 李商隐 ──忘年交── 白居易 ──朋友── 刘禹锡
温庭筠 ──朋友──┘         ┌李绅──朋友──┤
   │知己                  元稹──挚友──┤
鱼玄机                    薛涛──知己──┘
                                    │挚友
                                    │
                         王建──朋友──┤         柳宗元
                         张籍──朋友──┤朋友
                         贾岛──朋友──韩愈──朋友──柳宗元
                         孟郊──挚友──┤
                         李贺──朋友──┘
```

参考文献

1. 刘昫, 等. 旧唐书. 北京:中华书局, 1975.
2. 宋祁, 欧阳修. 新唐书. 北京:中华书局, 1975.
3. 司马光. 资治通鉴. 北京:中华书局, 2011.
4. 章培恒, 安平秋, 马樟根. 唐才子传选译. 南京:凤凰出版社, 2017.
5. 蔡东藩. 唐史演义. 北京:中国画报出版社, 2014.
6. 李昉, 等. 太平广记. 北京:中华书局, 2020.
7. 阮阅, 周本淳. 诗话总龟. 北京:人民文学出版社, 1987.
8. 计有功. 唐诗纪事. 上海:上海古籍出版社, 2013.
9. 傅璇琮. 唐代诗人丛考. 北京:中华书局, 1980.
10. 李白. 李太白全集. 王琦, 校. 北京:中华书局, 2014.
11. 莫砺锋. 杜甫评传. 南京:南京大学出版社, 2019.
12. 刘文典. 杜甫年谱. 昆明:云南人民出版社, 2013.
13. 高适. 高适集校注. 孙钦善, 校注. 上海:上海古籍出版社, 2019.
14. 王维. 王摩诘诗集. 上海:上海古籍出版社, 2000.
15. 张清华. 王维年谱. 上海:学林出版社, 2000.
16. 孟浩然. 孟浩然集. 阮堂明, 李云解, 评. 太原:山西古籍出版社, 2008.
17. 刘先勇. 先秦两汉魏晋南北朝文论讲疏. 成都:四川出版集团, 巴蜀学社, 2011.
18. 陈克明. 韩愈年谱及诗文系年. 成都:巴蜀书社, 1999.
19. 李长之. 韩愈传. 北京:北京联合出版公司, 2019.
20. 刘小川. 品中国文人·圣贤传. 上海:上海文艺出版社, 2019.
21. 董乃斌. 锦瑟哀弦:李商隐传. 北京:作家出版社, 2015.
22. 张锐强. 诗剑风流:杜牧传. 北京:作家出版社, 2015.

图书在版编目（CIP）数据

笑死了！刷了1400年的大唐诗人朋友圈 / 诗意文化著 . — 北京：北京联合出版公司，2021.5（2024.5重印）
 ISBN 978-7-5596-4823-5

Ⅰ. ①笑… Ⅱ. ①诗… Ⅲ. ①诗人 – 生平事迹 – 中国 – 唐代 Ⅳ. ①K825.6

中国版本图书馆CIP数据核字（2020）第250095号

笑死了！刷了1400年的大唐诗人朋友圈

作　　者：诗意文化	出版监制：辛海峰　陈 江
出 品 人：赵红仕	产品经理：毕 帅
责任编辑：牛炜征	特约编辑：丛龙艳
封面设计：主语设计	版式设计：诗意文化
插画设计：夏吉安	

北京联合出版公司出版
（北京市西城区德外大街83号楼9层　100088）
北京联合天畅文化传播公司发行
天津丰富彩艺印刷有限公司印刷　新华书店经销
字数 80千字　880毫米×1230毫米　1/32　6印张
2021年5月第1版　2024年5月第12次印刷
ISBN 978-7-5596-4823-5
定价：45.00元

版权所有，侵权必究
未经书面许可，不得以任何方式转载、复制、翻印本书部分或全部内容。
如发现图书质量问题，可联系调换。质量投诉电话：010-88843286/64258472-800

詩意文化

我·们·诗·意·有·文·化

笑死了！刷了1400年的大唐诗人朋友圈 2

诗意文化 著

北京联合出版公司

已经上市